新时代经贸汉语系列

新时代
经贸汉语口语
用汉语来工作

NEW ERA
SPOKEN CHINESE FOR ECONOMY & TRADE
CHINESE FOR WORK

王磊 ⊙ 编著

外语教学与研究出版社
FOREIGN LANGUAGE TEACHING AND RESEARCH PRESS
北京 BEIJING

图书在版编目（CIP）数据

新时代经贸汉语口语．用汉语来工作 / 王磊编著．—— 北京 ：外语教学与研究出版社，2023.4（2024.9 重印）
（新时代经贸汉语系列）
ISBN 978-7-5213-4420-2

Ⅰ．①新… Ⅱ．①王… Ⅲ．①经济－汉语－口语－对外汉语教学－教材 Ⅳ．①H195.4

中国国家版本馆 CIP 数据核字（2023）第 063193 号

出 版 人　王　芳
项目编辑　袁季思
责任编辑　向凤菲
责任校对　谭紫格
封面设计　姚　军
出版发行　外语教学与研究出版社
社　　址　北京市西三环北路 19 号（100089）
网　　址　https://www.fltrp.com
印　　刷　河北文扬印刷有限公司
开　　本　889×1194　1/16
印　　张　11.5
版　　次　2023 年 6 月第 1 版　2024 年 9 月第 2 次印刷
书　　号　ISBN 978-7-5213-4420-2
定　　价　79.00 元

如有图书采购需求，图书内容或印刷装订等问题，侵权、盗版书籍等线索，请拨打以下电话或关注官方服务号：
客服电话：400 898 7008
官方服务号：微信搜索并关注公众号"外研社官方服务号"
外研社购书网址：https://fltrp.tmall.com

物料号：344200001

记载人类文明
沟通世界文化
www.fltrp.com

编写说明

近年来，随着中国经济的持续发展，中国与世界各国在经济贸易领域的交往更加频繁、深入，国际社会对了解中国商务文化、熟悉贸易合作流程、能够运用汉语进行工作的经贸领域汉语专门人才的需求也日益迫切。为了更好地满足这一需求，很多学校都开设了经贸汉语课程，培养能够运用汉语从事国际贸易或商务工作的人才，为各国间的互联互通搭建桥梁。北京语言大学汉语进修学院的“经贸汉语口语”系列课程已经开设近二十年，编者在学院教授此课程已超过十年，积累了丰富的课程和教学经验。在教学实践中我们策划编写了“新时代经贸汉语”系列教材，包括侧重国际贸易用语的《新时代经贸汉语口语：用汉语做贸易》和侧重公司商务用语的《新时代经贸汉语口语：用汉语来工作》两个分册。

编写理念

《新时代经贸汉语口语：用汉语来工作》以培养学习者运用汉语进行工作交际的能力为目标，通过生词学习、课文理解、相关练习和实践活动等帮助学习者熟悉工作语境，掌握经贸活动中的常用词语及表达方式，提高与同事、合作伙伴及客户的沟通效率。

本册教材以一位大学毕业生的职场初体验为故事线索，谈论的话题涉及面试、入职以及工作过程中的调查、开会、邀请客户、与客户会谈、参观工厂、宴请客户、设计促销方案、出差、参展等，展现了职场新人首次参与贸易合作的全过程。最终，其工作内容从国内销售发展到国际出口，与《新时代经贸汉语口语：用汉语做贸易》衔接，并奠定学习基础。教材中的公司总经理、部门经理、普通职员和客户等职场角色定位清晰、个性鲜明。课文内容将语言学习与故事情节有机结合，语言真实、自然、地道、实用，具有突出的商务特色；故事情节贴近当代中国经济发展现状，代入感强，具有吸引力。

教材体例

本册教材一共12课，每课包含工作热身、词语、对话、练习、小组实践活动、工作小贴士和学习总结。

- 工作热身：围绕每课话题进行思考与讨论，激活学习者的知识储备，激发学习兴趣。
- 词语和对话：每课的核心内容。每课学习两段与当课话题相关、推动故事情节发展的对话，并掌握相关重点词语，尤其是商务语境下的常用词语。

- 练习：通过形式多样的练习，帮助学习者巩固每课词语和重点句，理解课文内容，练习口语会话及成段表达。
- 小组实践活动：基于每课话题并跳出课文内容来设置小组口语活动。学习者通过分工合作、互相帮助和自由讨论，强化对词语、重点句及常用表达方式的记忆，提高口语交际能力。
- 工作小贴士：介绍与每课话题相关的经贸专业知识和商务文化，提升学习者用汉语工作的能力。
- 学习总结：引导学习者进行反思，评估学习效果，总结当课所学的重点词语和句子，找出学习中存在的问题以及没有掌握的内容，并加以解决和巩固。

教学建议

本册教材以“学生爱学、教师好用”为编写宗旨。每课建议教授4—5课时，教师可以按照教材中教学内容的呈现顺序进行教学。

- 第1课时：组织学习者进行“工作热身”，并学习“词语一”和“对话一”。
- 第2课时：带领学习者完成“练习一”，并组织“小组实践活动”中的第一个活动。
- 第3课时：学习“词语二”和“对话二”，并完成“练习二”中的第1题至第4题。
- 第4课时：带领学习者完成“练习二”中的第5题和第6题，并组织“小组实践活动”中的第二个活动。
- 第5课时：学习“工作小贴士”，组织学习者根据自己国家的情况进行对比、讨论，并引导学习者进行学习总结。

如果教学时间紧张，可以将第5课时的内容留作课后作业，要求学习者自学。教师可以适时、适当地加以检查。

衷心感谢张卓、于森两位教师在本册教材编写过程中多次参与讨论，并提出宝贵的意见。同时，还要感谢外语教学与研究出版社的向凤菲、袁季思两位编辑，她们为本册教材的出版付出了大量时间和精力。另外，本册教材初稿完成后，在北京语言大学汉语进修学院进行了三个学期的试用，得到了大量有价值的反馈，在此感谢学院领导和实验班留学生朋友们的支持。

王磊

2023年3月于北京语言大学

目　录

第 1 课

面试

工作热身

找工作、面试是每一个毕业生都要面对的事情。如果你明天要参加一个公司的面试，你的心情会是怎样的？请你想一想，说一说：

1. 你觉得应该做哪些准备？
2. 你觉得面试官会问哪些问题？
3. 你觉得公司希望你具备哪些能力？

词语一 1-1

1	电子	diànzǐ	electron
2	设备	shèbèi	equipment; facilities
3	面试官	miànshìguān	interviewer
4	营销	yíngxiāo	marketing
5	实习	shíxí	work as an intern
6	留	liú	stay; remain
7	收集	shōují	collect; gather
8	客户	kèhù	customer; client
9	销售	xiāoshòu	sell; market
10	成立	chénglì	set up; establish
11	产品	chǎnpǐn	product
12	知名度	zhīmíngdù	popularity
13	官网	guānwǎng	official website
14	开拓	kāituò	open up; explore
15	团队	tuánduì	group; team
16	有备而来	yǒu bèi ér lái	come prepared
17	薪酬	xīnchóu	salary; compensation
18	录用	lùyòng	hire; employ

对话一 1-2

北京爱家电子设备生产公司（简称爱家公司）正在举行新职员招聘会，李晓光来参加面试。

面试官： 你好！欢迎你参加今天的面试，请坐！

李晓光： 谢谢！

面试官： 请你简单介绍一下自己。

李晓光： 我叫李晓光，今年23岁，毕业于经贸大学，专业是市场营销。大四这一年，我一直在AG公司实习。

面试官： AG公司可是大公司啊！你怎么没想办法留在那里呢？

李晓光： 说实话，我有机会留在AG公司，但是我不喜欢每天对着电脑收集客户信息。我希望学有所用，做销售工作。

面试官： 那你了解我们公司吗？

李晓光： 贵公司成立快五年了，产品在北京和天津市场的知名度很高。我上过你们的官网，知道你们要开拓新市场，需要专业的销售人员，我很想加入你们的团队。

面试官： 你真是有备而来啊！那你的理想薪酬是多少？

李晓光： 月薪8000到10,000块吧。

面试官： 好，你的情况我们大概了解了，是否录用我们还得再商量一下。你回去等通知吧。

李晓光： 好的，希望有机会加入贵公司！

练习一

1 根据对话内容，回答下面的问题。

1. 李晓光学的是什么专业？
2. 李晓光在哪家公司实习过？
3. 李晓光为什么不想留在实习的公司？
4. 李晓光对爱家公司了解多少？
5. 你觉得李晓光可能被录用吗？为什么？

2 两人一组读对话，根据对话内容完成表格，并简单介绍李晓光的情况。

姓名	
年龄	
学习经历	
实习经历	
工作意愿	
理想薪酬	

3 在对话中找出下列重点句，并大声朗读。

1. 请你简单介绍一下自己。
2. 我叫李晓光，今年23岁，毕业于经贸大学，专业是市场营销。
3. 大四这一年，我一直在AG公司实习。
4. 贵公司成立快五年了，产品在北京和天津市场的知名度很高。
5. 我上过你们的官网，知道你们要开拓新市场，需要专业的销售人员，我很想加入你们的团队。

4 用本课学到的表达方式完成下面的对话。

1. A：____________________。
   B：谢谢！我很高兴能有机会参加这次面试。

2. A：你好！请简单介绍一下自己。

B：好的。________________________________。

3. A：请介绍一下你的实习经历。

B：好的。________________________________。

4. A：你为什么想来我们公司工作？

B：因为我是学市场营销的，我希望________________。

5. A：你对我们公司有什么了解？请说一说。

B：________________________________。

A：你用过我们的产品吗？

B：我不仅用过贵公司的产品，而且________________。

A：是吗？那你看到我们未来五年的发展计划了吗？

B：看到了。我知道________________________________。

A：看来你真是有备而来啊！

5 朗读短文，根据提示复述短文。

1. 读一读。

大四的时候，我在AG公司实习了一年。我的工作内容是在公司官网收集客户对产品的评价，然后交给销售部经理。销售部开会讨论销售计划时，会考虑客户的想法和感受。实习结束后，我没有留在AG公司继续做这份工作，因为我的专业是市场营销，我想学有所用，做销售工作。前几天看到爱家公司的招聘信息，我很感兴趣，并参加了他们的面试，希望能加入他们的团队。

2. 练一练。

……的时候，我在……实习了……。我的工作内容是……收集……，然后交给……。销售部开会……时，会考虑……。实习结束后，我没有留在……继续……，因为我的专业是……，我想……，做……。前几天看到……，我很感兴趣，并参加了……，希望能……。

6 情景模拟。

两人一组，一人扮演面试官，一人扮演参加面试的毕业生。面试官通过提问了解毕业生的基本信息、教育背景、实习经历和理想薪酬等。毕业生根据个人情况回答。面试官最后决定是否录用这名毕业生，并说明理由。

词语二 1-3

1	人事部	rénshìbù	human resources department
2	对口	duìkǒu	be geared to the needs of the job
3	正是	zhèng shì	be exactly
4	过奖	guòjiǎng	overpraise; flatter
5	谦虚	qiānxū	modest
6	充分	chōngfèn	abundant; sufficient
7	自信满满	zìxìn mǎnmǎn	full of confidence
8	深刻	shēnkè	deep; profound
9	关注	guānzhù	follow with interests
10	急需	jíxū	urgently need
11	尽快	jǐnkuài	as soon as possible
12	入职	rù zhí	take up a post
13	报到	bàodào	register; report for duty
14	随时	suíshí	at any time; at all times

对话二 1-4

爱家公司人事部经理张琳给李晓光打电话，通知他已经被录用。

李晓光：喂，您好！您是哪位？

张　琳：你好！我是爱家公司人事部经理张琳。

李晓光：张经理，您好！

张　琳：小李，很高兴通知你，你被我们公司录用了。

李晓光：太好了！谢谢您给我这个机会。

张　琳：不用客气。你专业对口，还在大公司实习过，正是我们需要的人才。

李晓光：您过奖了。

张　琳：没有，没有，是你太谦虚了。面试的时候，你准备充分、自信满满，给我们留下了非常深刻的印象。

李晓光：我关注贵公司很久了，所以对你们的情况比较了解。

张　琳：是啊！你也知道，公司要开拓新市场，急需像你这样的销售人员，所以希望你能尽快入职。你看，下周一能不能来报到？

李晓光：没问题，我随时可以报到。

张　琳：那太好了！我们周一见。

李晓光：好的，周一见。

练习二

1 根据对话内容，回答下面的问题。

1. 张经理为什么给李晓光打电话？
2. 爱家公司为什么录用李晓光？
3. 李晓光为什么对爱家公司比较了解？
4. 张经理为什么希望李晓光尽快入职？
5. 李晓光什么时候去报到？

2 两人一组读对话，根据对话内容连线，并简单说明爱家公司录用李晓光的原因。

专业 •	• 在大公司实习过
实习经历 •	• 关注了很久，比较了解
面试情况 •	• 开拓新市场，急需专业的销售人员
对公司的了解 •	• 准备充分、自信满满
公司的发展计划 •	• 市场营销，很对口

3 在对话中找出下列重点句，并大声朗读。

1. 很高兴通知你，你被我们公司录用了。
2. 你专业对口，还在大公司实习过，正是我们需要的人才。
3. 面试的时候，你准备充分、自信满满，给我们留下了非常深刻的印象。
4. 我关注贵公司很久了，所以对你们的情况比较了解。
5. 公司要开拓新市场，急需像你这样的销售人员，所以希望你能尽快入职。

4 用本课学到的表达方式完成下面的对话。

1. A：你好！我是____________________。
   B：您好！张经理。
   A：很高兴通知你，____________________。
   B：太好了！____________________。

2. A：谢谢贵公司给我这个工作的机会。

B：不用客气。你专业对口，还______________，正是______________。

3. A：刚才那个应聘者怎么样？

B：他面试的时候，____________________________。

4. A：你怎么对我们公司这么了解啊？

B：____________________________。

A：怪不得你自信满满。

5. A：公司要开拓________，急需______________，所以______________。

B：我随时可以报到。

A：那太好了！下周一怎么样？

B：______________。

5 朗读短文，根据提示复述短文。

1. 读一读。

我今天接到了爱家公司人事部张经理的电话，我被录用了。我很高兴，也非常感谢爱家公司给我这个机会。张经理说公司要开拓新市场，急需像我这样的销售人员，希望我尽快入职。说实话，我关注爱家公司很久了，了解他们的发展计划，加入他们的团队后，我一定可以学有所用。下周一我就要去爱家公司报到了，我要做好充分的准备，给他们留下好印象。

2. 练一练。

我今天接到了……，我被……了。我很高兴，也非常感谢……。张经理说公司要……，急需……，希望我……。说实话，我关注……，了解……，加入……后，我一定可以……。下周一我就要……了，我要做好……，给……留下……。

6 情景模拟。

两人一组，一人扮演人事部经理，一人扮演参加过面试的毕业生。人事部经理通知毕业生已经被录用，对毕业生面试时的表现进行评价，并提出报到时间。毕业生感谢公司，回应经理的评价，并说明自己是否可以按时报到。

小组实践活动

1 参加公司面试以前，你会做哪些准备？比如，上官网了解一下公司的情况，想一想面试官可能会问的问题，找出能够证明自己能力的证书，等等。三到四人一组，自由讨论，然后请一个同学向全班做报告。

2 如果你是公司的面试官，在与应聘者交流的过程中，你更加看重什么？比如，准备是否充分，专业是否对口，性格是否外向，表达是否流利，等等。三到四人一组，自由讨论，然后请一个同学向全班做报告。

工作小贴士

面试是一个短时交流的过程，面试时的表现对于能否得到一份工作很重要。那么，如何才能提高面试的成功率呢？

面试前，做好充分的准备，可以通过公司官网和新闻报道等渠道了解公司信息，准备好个人简历。面试当天，注意仪表形象，可以穿正式一点儿的服装，不要过度打扮。

面试时，主动向面试官问好，等面试官说“请坐”后道谢坐下。面带微笑，与面试官有自然的眼神交流。介绍个人基本情况，包括姓名、年龄、教育背景、工作或实习经历等。回答问题时，要语气平和，语言表达简明，可以发表不同观点，但不要与面试官争论。

面试结束时，首先感谢面试官给自己这个机会，表达自己希望加入该公司，然后起身把椅子放回原处。最后，再次表示感谢并关门离开。

如果能够做到以上几个方面，应该会给面试官留下不错的印象，面试成功率也就提高了。

学习总结

我学会了一些很重要的词语。

我学会了一些很有用的句子。

我还有一些内容没有掌握。

我打算这样巩固没有掌握的内容。

第 2 课

入职

工作热身

上班第一天对每个人来说都很重要。如果你明天就要去公司上班了，你会有怎样的心情？请你想一想，说一说：

1. 你希望办公环境是什么样的？
2. 你觉得入职手续复杂吗？
3. 你希望公司的同事给你介绍一些什么？

词语一 2-1

1	办理	bànlǐ	handle; deal with
2	手续	shǒuxù	procedure; formality
3	填	tián	fill out
4	登记表	dēngjìbiǎo	registration form
5	工作证	gōngzuòzhèng	employee's card
6	就餐卡	jiùcānkǎ	dining card
7	销售部	xiāoshòubù	marketing department
8	大厦	dàshà	mansion
9	其中	qízhōng	among them; within
10	财务部	cáiwùbù	finance department
11	客服部	kèfúbù	customer service department
12	技术部	jìshùbù	technical department
13	总经理	zǒngjīnglǐ	general manager
14	人性化	rénxìnghuà	people-oriented
15	甜品	tiánpǐn	dessert
16	放松	fàngsōng	relax

对话一 2-2

爱家公司新职员李晓光来到人事部报到，人事部经理张琳接待他。

李晓光：张经理，您好！我是李晓光，今天来公司报到。

张　琳：晓光，你好！欢迎加入爱家公司。

李晓光：张经理，我需要办理哪些入职手续？

张　琳：手续很简单，你先填一下职员登记表。

李晓光：好的。职员登记表填好了，您看一下。

张　琳：没问题，放在这儿吧。这是工作证和就餐卡，你收好。我现在带你去销售部。

李晓光：谢谢张经理！

张　琳：别客气！咱们一边走，我一边给你介绍。这座大厦的四层、五层和六层是咱们公司的办公区，其中人事部、财务部和客服部在四层，销售部和技术部在五层，总经理办公室和会议室在六层。

李晓光：这里的办公环境真不错！

张　琳：不仅环境好，而且很人性化呢。你往这边看，这是一间休息室。工作累了，可以来这里喝杯咖啡、吃点儿甜品，放松放松。

李晓光：这么好啊！

张　琳：希望你喜欢新环境，尽快适应新工作。好了，我们现在去五层见一下销售部经理吧。

李晓光：好的。

练习一

1 根据对话内容，回答下面的问题。

1. 李晓光在哪里报到？
2. 入职手续包括什么？
3. 爱家公司的办公环境怎么样？
4. 你觉得李晓光对爱家公司的办公环境满意吗？
5. 张琳对李晓光提出了什么希望？

2 两人一组读对话，根据对话内容在不同的楼层填入相应的部门，并简单介绍爱家公司的办公区安排情况。

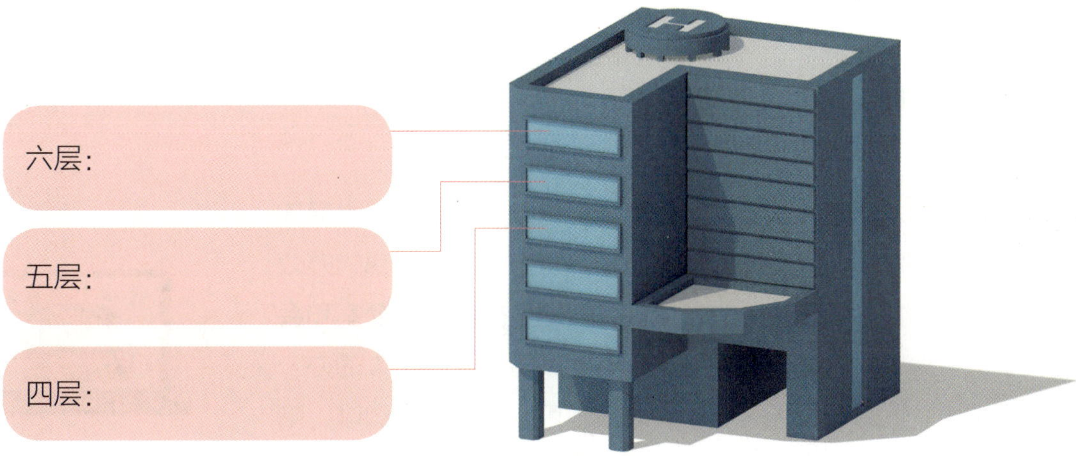

3 在对话中找出下列重点句，并大声朗读。

1. 我是李晓光，今天来公司报到。
2. 我需要办理哪些入职手续？
3. 职员登记表填好了，您看一下。
4. 不仅环境好，而且很人性化呢。
5. 工作累了，可以来这里喝杯咖啡、吃点儿甜品，放松放松。

4 用本课学到的表达方式完成下面的对话。

1. A：您好！请问您找哪位？

   B：您好！____________________，我找张经理。

2. A：您好！ ____________________？

   B：手续很简单，先填一下这张登记表吧。

3. A：你先填一下这张职员登记表。

   B：____。

   A：没问题，这是____________________，请收好。

4. A：跟我来，我带你熟悉一下办公环境。

   B：好的。公司的办公环境真不错。

   A：____________________。工作累了，____。

5. A：请问，销售部在哪一层？

   B：________。

   A：谢谢！您能给我介绍一下办公区的安排情况吗？

   B：好的。咱们公司的办公区在这座大厦的四到六层，其中________________________ ________________。

5 朗读短文，根据提示复述短文。

1. 读一读。

我最近刚入职了一家公司。这家公司的办公区在景美大厦的四层、五层和六层，其中四层是人事部、财务部和客服部的办公区，五层是销售部和技术部的办公区，六层是总经理办公室和会议室。我觉得公司的办公环境很不错，干净整洁，每个人的办公空间都很大，而且每层还有一间休息室，可以在那里喝咖啡、吃甜品。我希望尽快适应新环境，做出让人满意的工作成绩。

2. 练一练。

我最近刚入职了……。这家公司的办公区在……，其中四层是……，五层是……，六层是……。我觉得……，干净整洁，……，而且每层还有……，可以在那里……。我希望……，做出……。

6 小调查。

调查一下身边的朋友，问一问他们理想的办公环境是什么样的，如办公空间、办公用品、绿植鲜花、休息室等方面。请根据调查结果总结一下朋友们对办公环境的要求。

词语二 2-3

1	关照	guānzhào	care and help
2	专职	zhuānzhí	full-time
3	代表	dàibiǎo	representative
4	建立	jiànlì	establish
5	渠道	qúdào	channel
6	具有	jùyǒu	have; possess
7	开发	kāifā	develop; tap
8	将	jiāng	[used in the same way as 把]
9	打入	dǎrù	get access to
10	力量	lìliàng	ability; power
11	荣幸	róngxìng	honored
12	代理商	dàilǐshāng	agent; trade agency
13	经营	jīngyíng	operate; plan and manage
14	信誉	xìnyù	reputation; credit
15	例会	lìhuì	regular meeting
16	资料	zīliào	data; material

对话二 2-4

爱家公司人事部经理张琳带李晓光来到销售部经理王海运的办公室。

王海运：张琳，快请进！

张　琳：王经理，我给你介绍一下。这位是李晓光，刚办理完入职手续。晓光，这位是销售部王经理。

李晓光：王经理，您好！请多多关照。

王海运：晓光，不用客气。你面试时表现很好，我对你印象深刻。

张　琳：好了，你们聊，我先回去了。

王海运：谢谢，你慢走啊！晓光，这边坐，我给你介绍一下销售部的情况。销售部有十二位专职销售代表，已经在华北市场建立了销售渠道。我们的产品在北京、天津、石家庄和太原具有很高的知名度。最近，我们正在开发东北市场，希望将产品打入沈阳、大连、长春和哈尔滨等重点城市。我记得你是学市场营销的，正是我们急需的专业人才啊！

李晓光：您过奖了。公司的销售力量这么强，我非常荣幸能加入这个团队。

王海运：你既有专业知识，又有大公司的实习经历，而且表达能力很强，我对你很有信心。

李晓光：谢谢您的信任，我一定努力工作。

王海运： 那太好了！现在就有件重要的事情需要你去做。天红公司希望成为我们在大连的销售代理商，但是我们对这家公司的情况不太了解。你去调查一下他们的经营情况和市场信誉，后天在销售部的例会上做一个报告。

李晓光： 好的，我现在就去收集资料。

王海运： 别着急，先去认识一下同事们。

练习二

1 根据对话内容，回答下面的问题。

1. 王经理为什么对李晓光印象深刻？
2. 爱家公司的产品在哪里具有很高的知名度？
3. 销售部希望将产品打入哪些城市？
4. 王经理为什么对李晓光很有信心？
5. 王经理给李晓光安排了什么工作？

2 两人一组读对话，根据对话内容连线，并简单介绍销售部的工作情况。

市场分区	重点城市	开发情况
东北市场 •	• 北京、天津、石家庄、太原 •	• 计划将产品打入这一市场，正在找代理商
华北市场 •	• 沈阳、大连、长春、哈尔滨 •	• 已经建立了销售渠道，产品知名度很高

3 在对话中找出下列重点句，并大声朗读。

1. 王经理，您好！请多多关照。
2. 销售部有十二位专职销售代表，已经在华北市场建立了销售渠道。
3. 我们正在开发东北市场，希望将产品打入沈阳、大连、长春和哈尔滨等重点城市。
4. 你既有专业知识，又有大公司的实习经历，而且表达能力很强，我对你很有信心。
5. 天红公司希望成为我们在大连的销售代理商。

4 用本课学到的表达方式完成下面的对话。

1. A：晓光，这位是客服部李经理。
   B：您好！________________。
2. A：王经理，您能给我介绍一下销售部的情况吗？
   B：没问题。______________________________。
   A：销售力量这么强，________________。

3. A：销售部最近做了什么工作？

B：我们在华北市场建立了销售渠道，产品______________________________。

C：东北市场也很大，我们希望______________________________。

4. A：欢迎加入天红公司！

B：谢谢！请您多多关照。

A：别客气。______________________________。

5. A：小李，______________________________。

B：天红公司？我没听说过啊。

A：我们都不了解，所以请你_______________，在这周的例会上做一个报告。

5 朗读短文，根据提示复述短文。

1. 读一读。

销售部是公司的重要部门，目前有十二位专职销售代表，他们的主要工作就是到全国各地开发新市场。在他们的努力下，公司已经在北京、天津、石家庄和太原建立了销售渠道，产品的知名度很高。为了将产品打入沈阳、大连、长春和哈尔滨等重点城市，销售代表联系了几家营销公司，想从中选择一家作为代理商。虽然这几家公司在东北市场的销售经验非常丰富，但我们还是要先调查一下他们的经营情况和市场信誉，然后再做决定。

2. 练一练。

销售部是……，目前有……，他们的主要工作就是……。在他们的努力下，公司已经在……建立了……，产品的知名度……。为了将……打入……，销售代表联系了……，想从中选择……。虽然这几家公司在……的销售经验……，但我们还是要先调查一下……，然后……。

6 小调查。

上网了解一下中国的市场分区情况。中国一共可以分为哪几个大的市场区域？每个市场区域内有哪几个重点城市？不同市场区域内的消费者对电子产品有哪些特别的消费习惯？请根据调查结果向全班做一个报告。

小组实践活动

1 如果你明天要去一家公司报到，你会做哪些准备？比如，穿什么衣服，带哪些文件，等等。三到四人一组，自由讨论，然后请一个同学向全班做报告。

2 销售工作对销售代表的能力有很高的要求。你认为一个优秀的销售代表应该具备哪些特点？如表达能力、性格、专业背景和心理承受能力等方面。三到四人一组，自由讨论，然后请一个同学向全班做报告。

工作小贴士

入职第一天，怎么做才能给新同事留下好印象？

第一，衣着打扮得体。如果公司对衣着要求非常严格，那你就要穿正装；如果公司对衣着没有特别的要求，那你可以选择休闲装，但一定要干净整洁。

第二，准备自我介绍。一般情况下，入职第一天，人事部门的同事会带你去认识很多人，所以准备一段简短却能突出个人特点的自我介绍是非常必要的。

第三，主动参与工作。办理完入职手续以后就可以开始工作了。这时你可以问问部门经理你需要做什么。一般来说，第一天上班都会看看资料，熟悉工作内容。如果有时间，可以问问同事有什么需要帮忙的，做些力所能及的事情。

做到以上三点就能给新同事留下良好的印象，这对你日后的工作也非常有帮助。

学习总结

- 我学会了一些很重要的词语。

- 我学会了一些很有用的句子。

- 我还有一些内容没有掌握。

- 我打算这样巩固没有掌握的内容。

第3课

调查

工作热身

爱家公司与天红公司是第一次合作，爱家公司希望更多地了解天红公司的情况。如果你是爱家公司的代表，你将如何进行调查？请你想一想，说一说：

1. 你觉得需要收集哪些方面的信息？
2. 你觉得可以通过哪些方式收集相关信息？
3. 在什么情况下，你会建议爱家公司与天红公司合作？

词语一 3-1

1	调查	diàochá	inquire into; investigate
2	委托	wěituō	entrust
3	规范	guīfàn	standard; normal
4	管理	guǎnlǐ	manage
5	严格	yángé	strict; rigorous
6	注册	zhùcè	register; enroll
7	资金	zījīn	fund; capital
8	变更	biàngēng	change; modify
9	法人	fǎrén	legal person
10	专门	zhuānmén	on purpose
11	投资	tóuzī	investment
12	注入	zhùrù	inject
13	股东	gǔdōng	shareholder
14	调整	tiáozhěng	adjust; regulate
15	异常	yìcháng	unusual; abnormal

对话一 3-2

李晓光给某市场调查公司的业务员张丽打电话，询问他们对天红公司经营情况和市场信誉的调查结果。

张　丽：喂，您好！

李晓光：张丽，您好！我是爱家公司的李晓光。上个星期委托你们做的调查怎么样了？

张　丽：我们已经收集完信息了，正在写调查报告呢。

李晓光：从目前收集到的信息来看，您认为天红公司怎么样？

张　丽：总体来说，天红公司经营规范，管理严格，是一家很不错的营销公司。

李晓光：这么说，天红公司在当地的知名度应该很高吧？

张　丽：这个不好说。天红公司2016年才成立，注册资金只有20万。虽然这几年发展得很快，但还算不上大公司，知名度一般吧。

李晓光：对了，我查到一条信息，天红公司在去年年底变更了法人，你们了解其中的原因吗？

张　丽：我们也看到了这条信息，并且专门做了调查。情况是这样的，风信投资公司向天红公司注入了一笔资金，成了天红公司的大股东，所以天红公司调整了管理团队，公司法人也变更成了风信投资公司总经理。

李晓光：哦，我还担心是经营异常呢。

张　丽： 您放心，根据我们的调查，天红公司没有任何经营异常的情况。

李晓光： 好的，那我就等你们的调查报告了。

练习一

1 根据对话内容，回答下面的问题。

1. 李晓光委托张丽做了什么调查？
2. 张丽认为天红公司怎么样？
3. 为什么天红公司的知名度一般？
4. 天红公司为什么变更了公司法人？
5. 李晓光查到天红公司变更法人的信息后担心什么？

2 两人一组读对话，根据对话内容完成表格，并简单介绍天红公司的情况。

公司名称	
成立时间	
注册资金	
大股东	
公司法人	
经营情况	

3 在对话中找出下列重点句，并大声朗读。

1. 总体来说，天红公司经营规范，管理严格，是一家很不错的营销公司。
2. 天红公司2016年才成立，注册资金只有20万。
3. 我们也看到了这条信息，并且专门做了调查。
4. 风信投资公司向天红公司注入了一笔资金，成了天红公司的大股东，所以天红公司调整了管理团队，公司法人也变更成了风信投资公司总经理。
5. 根据我们的调查，天红公司没有任何经营异常的情况。

4 用本课学到的表达方式完成下面的对话。

1. A：根据你的了解，你认为天红公司怎么样？

   B：________________________________。

2. A：张总，我们收集完信息了，这是________________。

B：我看看。这家公司成立时间不长，注册资金也不多。

A：是啊，________________________________，公司知名度一般。

B：知名度不高没关系，只要经营规范，管理严格，咱们就可以考虑。

3. A：小高，你们看到网上这条信息了吗？

B：张总，________________________________。

A：好的，那我就等你们的调查报告了。

4. A：天红公司怎么突然变更了法人？

B：________________________________。

A：这么说，他们变更法人不是因为经营异常。

5. A：你们有没有发现什么异常？

B：没有，________________________________。

A：那好，快去写调查报告吧。

5 朗读短文，根据提示复述短文。

1. 读一读。

上个星期，我们委托一家市场调查公司对天红公司进行了调查。现在他们收集完信息了，正在写调查报告。根据目前收集到的信息，天红公司成立时间不长，注册资金不多，知名度一般。不过，他们经营规范，管理严格，这几年发展很快。去年年底风信投资公司向天红公司注入了一笔资金，成了天红公司的大股东。天红公司因此调整了管理团队，变更了公司法人。总体来说，天红公司没有任何经营异常的情况，是一家很不错的营销公司。

2. 练一练。

上个星期，我们委托……对……进行了……。现在他们收集完……，正在写……。根据……，天红公司成立……，注册……，知名度……。不过，他们……，……，这几年……。去年年底……向……注入了……，成了……。天红公司因此调整了……，变更了……。总体来说，天红公司没有……，是一家……。

6 情景模拟。

市场调查公司已经收集完信息，掌握了天红公司的基本信息和经营情况。假设你是市场调查公司的业务员张丽，请向爱家公司汇报你的调查结果，包括天红公司的成立时间、注册资金、股东、法人以及经营情况等。

词语二 3-3

1	伙伴	huǒbàn	partner
2	冒昧	màomèi	take the liberty (of)
3	独家	dújiā	only one
4	业绩	yèjì	performance
5	搞	gǎo	make; work out
6	促销	cùxiāo	promote sales
7	厂家	chǎngjiā	factory; manufacturer
8	降价	jiàngjià	reduce the price
9	折扣	zhékòu	discount
10	货款	huòkuǎn	payment for goods
11	结算	jiésuàn	settle an account
12	信任	xìnrèn	trust

对话二 3-4

李晓光给天红公司的合作伙伴飞鸟公司销售部打电话，了解他们对天红公司的评价。

接线员： 您好！这里是飞鸟公司销售部。

李晓光： 您好！我是北京爱家公司的李晓光。我在贵公司的官网上发现天红公司是你们的代理商，所以冒昧地打了这个电话，想了解一下天红公司的情况。

接线员： 天红公司的情况？那您应该给他们打电话啊。

李晓光： 不好意思，事情是这样的，天红公司想做我们的代理商，我们也已经委托市场调查公司对他们进行了调查。但是，我们还想听听他们的合作伙伴对他们的评价。贵公司跟他们有合作，能不能谈谈你们对天红公司的看法？

接线员： 哦，这样啊。天红公司跟我们合作好几年了，是我们在大连的独家代理商。总体来说，他们的销售力量很强，这些年销售业绩一直很好。

李晓光： 那他们会不会为了提高销售业绩，总是搞促销活动，要求厂家降价？

接线员： 只有每年五一、十一和春节会搞几场促销活动，这很正常，我们也会给一些折扣。

李晓光： 那货款结算顺利吗？

接线员：一般都是月底结算货款，没有出过问题。他们的市场信誉还是很好的。

李晓光：看来你们合作得很愉快。

接线员：是的。天红公司经营规范，管理严格，值得信任。

李晓光：谢谢您给我介绍了这么多情况。

接线员：不客气，希望对你们有帮助。

练习二

1 根据对话内容，回答下面的问题。

1. 李晓光为什么给飞鸟公司打电话？
2. 飞鸟公司跟天红公司合作多久了？
3. 天红公司什么时候搞促销活动？
4. 天红公司一般什么时候给飞鸟公司结算货款？
5. 飞鸟公司为什么信任天红公司？

2 两人一组读对话，根据对话内容连线，并简单介绍天红公司的情况。

销售儿量 •	• 月底结算货款，没有出过问题
销售业绩 •	• 每年五一、十一和春节会搞几场促销活动，需要厂家给一些折扣
促销活动 •	• 很好，值得信任
货款结算 •	• 很强
市场信誉 •	• 一直很好

3 在对话中找出下列重点句，并大声朗读。

1. 贵公司跟他们有合作，能不能谈谈你们对天红公司的看法？
2. 天红公司跟我们合作好几年了，是我们在大连的独家代理商。
3. 那他们会不会为了提高销售业绩，总是搞促销活动，要求厂家降价？
4. 一般都是月底结算货款，没有出过问题。
5. 天红公司经营规范，管理严格，值得信任。

4 用本课学到的表达方式完成下面的对话。

1. A：你们为什么不委托市场调查公司进行调查？
   B：我们已经委托市场调查公司进行了调查，但是________________。

2. A：天红公司跟你们合作多久了？

B：______________________________。

3. A：天红公司的销售业绩一直很好。

B：那______________________________？

A：不会的，一年只搞几次，我们也会给一些折扣。

4. A：什么时候结算货款？每次结算都很顺利吗？

B：______________________________。

A：这么说，__________________。

5. A：合作这么久，您对天红公司有什么看法？

B：______________________________。

A：怪不得他们是你们的独家代理商。

B：这主要看业绩。______________________________。

5 朗读短文，根据提示复述短文。

1. 读一读。

前两天，我给飞鸟公司销售部打了一个电话，了解他们对天红公司的评价。根据飞鸟公司销售部职员的介绍，我了解到天红公司是他们在大连的独家代理商，已经合作好几年了。总体上看，天红公司的销售力量很强，每年五一、十一和春节会搞几场促销活动，销售业绩很好。两家公司合作得很愉快，货款结算也从来没有出过问题。飞鸟公司认为天红公司经营规范，管理严格，市场信誉很好，是值得信任的。

2. 练一练。

前两天，我给……打了一个电话，了解……。根据……的介绍，我了解到天红公司是……，已经合作……。总体上看，天红公司的……很强，每年五一、十一和春节会搞……，……很好。两家公司……，……也从来没有……。飞鸟公司认为天红公司……，……，……，是值得……的。

6 情景模拟。

飞鸟公司已经跟天红公司合作好几年了。假设你是飞鸟公司销售部经理，请根据自己了解的情况，简单谈谈你对天红公司的看法，包括销售力量、货款结算、市场信誉、经营情况和管理团队的情况等。

小组实践活动

1 你觉得用哪些方法可以了解一家公司的经营情况和市场信誉等信息？比如，上公司的官网了解情况，委托市场调查公司进行调查，给这家公司的合作伙伴打电话，查看媒体对这家公司的报道，等等。每种方法的优点和缺点分别是什么？三到四人一组，自由讨论，然后请一个同学向全班做报告。

2 选择一家知名度很高的公司，说一说你对这家公司的了解。比如，公司的成立时间、注册资金、注册地点、公司法人、股东、合作伙伴以及代理商等。三到四人一组，上网查找相关信息，做一份详细的调查报告，然后请一个同学向全班做报告。

工作小贴士

要想了解一家公司的经营情况和市场信誉，除了委托市场调查公司进行全面、细致的调查，还可以登录“国家企业信用信息公示系统”，足不出户就能掌握全国各类企业的基本信息。

“国家企业信用信息公示系统”是从2014年2月开始上线运行的，公示的主要内容有：注册登记信息，包括企业基本信息、投资人信息及企业变更信息；备案信息，包括企业主要人员信息及分支机构信息；行政处罚信息，包括企业因违反工商行政法律法规被工商部门做出处罚的记录；许可审批和年度报告信息，包括企业按照规定报送、公示的年度报告信息和获得许可的信息；经营异常信息，包括因经营地址不实和公示材料不全等导致的经营异常信息。

“国家企业信用信息公示系统”的查询方法十分简便。登录网站以后，只要输入企业全称就能进行精确查询。如果不知道企业的全称，可以输入企业名称的关键字进行模糊查询。查询结果显示的记录多于5条时，还可以输入更精确的查询条件进行再次查询。在与一家公司开展合作以前，登录“国家企业信用信息公示系统”了解公司的基本情况，不仅可以节省时间，而且能够提高合作效率。

国家企业信用信息公示系统

网址：www.gsxt.gov.cn

学习总结

- 我学会了一些很重要的词语。

- 我学会了一些很有用的句子。

- 我还有一些内容没有掌握。

- 我打算这样巩固没有掌握的内容。

第 4 课

开会

工作热身

爱家公司已经完成了对天红公司的调查，销售部将开会讨论天红公司是否能够成为爱家公司的代理商。如果你是销售部的职员，开会前你会考虑哪些问题？请你想一想，说一说：

1. 关于天红公司的调查报告包括哪些信息？
2. 销售部王经理可能更关注哪些信息？为什么？
3. 如果王经理想听听你的建议，你会不会选择天红公司？为什么？

词语一 4-1

1	召集	zhàojí	convene
2	选	xuǎn	select; choose
3	接	jiē	receive
4	任务	rènwu	assignment; task
5	良好	liánghǎo	good
6	经销	jīngxiāo	sell on commission
7	品牌	pǐnpái	brand name
8	电器	diànqì	domestic appliances
9	经验	jīngyàn	experience
10	规模	guīmó	scale
11	推广	tuīguǎng	popularize
12	足够	zúgòu	enough; sufficient
13	优秀	yōuxiù	excellent; outstanding

对话一 4-2

爱家公司销售部开会，李晓光介绍对天红公司的调查结果，大家对此进行讨论。

王海运： 今天召集大家开会主要是为了讨论代理商的事情。公司要开拓东北市场，代理商一定要选好。上个月，大连天红公司跟我们联系，希望成为我们在大连的独家代理商。我们对天红公司不了解，就请小李去做了调查。小李，你来介绍一下调查结果。

李晓光： 好的，王经理。接到这个任务以后，我不仅委托市场调查公司做了调查，而且专门联系了天红公司的合作伙伴了解情况。从目前得到的信息看，天红公司是一家经营规范、管理严格、信誉良好的营销公司。

王海运： 他们经销过哪些知名品牌的产品？

李晓光： 飞鸟洗衣机和冬鱼冰箱。现在他们是这两家电器公司在大连的独家代理商。

王海运： 这么看，天红公司在家用电器销售方面很有经验。

同事A： 这么有经验的公司，市场知名度怎么样？

李晓光： 天红公司虽然发展很快、前景看好，但是规模不大，市场知名度一般。

同事A： 咱们要开拓新市场，代理商的知名度很重要，知名度一般会影响产品推广的。

王海运：我觉得规模小、知名度不高都没关系，只要销售团队足够优秀就行。

李晓光：根据我的调查，天红公司的销售代表都是专业对口的大学毕业生，销售力量很强。

王海运：嗯，专业对口，还有经验，他们的团队值得信任。

练习一

1 根据对话内容，回答下面的问题。

1. 今天销售部为什么要开会？
2. 天红公司经销过哪些知名品牌的产品？
3. 同事A认为什么对开拓新市场很重要？
4. 天红公司的销售力量怎么样？
5. 你觉得李晓光是否希望爱家公司跟天红公司合作？为什么？

2 两人一组读对话，根据对话内容完成表格，并简单介绍会议的情况。

会议记录			
1.	王经理介绍会议主题		
2.	李晓光介绍调查结果	总体评价	
		销售经验	
		市场知名度	
		销售团队	
3.	同事A关注的信息		原因：
4.	王经理关注的信息		评价：

3 在对话中找出下列重点句，并大声朗读。

1. 今天召集大家开会主要是为了讨论代理商的事情。
2. 从目前得到的信息看，天红公司是一家经营规范、管理严格、信誉良好的营销公司。
3. 这么看，天红公司在家用电器销售方面很有经验。
4. 天红公司虽然发展很快、前景看好，但是规模不大，市场知名度一般。
5. 我觉得规模小、知名度不高都没关系，只要销售团队足够优秀就行。

4 用本课学到的表达方式完成下面的对话。

1. A：王经理，今天开会有什么事啊？
   B：________________________________。

2. A：小李，我让你做的调查怎么样了？
   B：接到这个任务以后，________________________________。
   A：做得不错！现在有结果了吗？
   B：________________________________。
3. A：天红公司主要经销什么产品？
   B：________________________________。
   A：这么看，________________________________。
4. A：天红公司的市场知名度怎么样？
   B：________________________________。
   A：这对我们推广产品不太有帮助啊。
5. A：这家公司规模小，知名度不高，你觉得可以选他们做代理商吗？
   B：________________________________。
   A：那好，你跟他们联系一下吧。

5 朗读短文，根据提示复述短文。

1. 读一读。

销售部开会讨论了代理商的问题，我介绍了对天红公司的调查结果。总体上看，天红公司经营规范，管理严格，信誉良好，是一家不错的营销公司。王经理听了我的报告以后，非常关注天红公司的销售力量。他觉得公司规模小、知名度不高都没关系，只要销售团队足够优秀就行。根据调查，天红公司的销售代表不仅专业对口，而且经销过知名品牌的产品，很有经验。我希望选天红公司做代理商。

2. 练一练。

销售部开会讨论了……，我介绍了……。总体上看，天红公司……，……，……，是一家……。王经理听了……以后，非常关注……。他觉得公司……都没关系，只要……就……。根据调查，天红公司的销售代表不仅……，而且……，很有经验。我希望选……做……。

6 情景模拟。

两家营销公司，一家规模大，知名度高，但是经常搞促销，要求厂家降价；一家规模小，知名度不高，但是销售团队很优秀。如果你是爱家公司销售部经理，你会选哪家做代理商？两人一组，自由讨论，然后做出决定，并向全班说明你们的理由。

词语二

4-3

1	的确	díquè	indeed; really
2	目标	mùbiāo	target; objective
3	道理	dàolǐ	reason; sense
4	策略	cèlüè	tactics; stratagem
5	收入	shōurù	income; earnings
6	大量	dàliàng	many; much
7	买入	mǎirù	buy in
8	入市	rùshì	enter market
9	态度	tàidù	attitude
10	积极	jījí	positive
11	询问	xúnwèn	ask about; enquire
12	普通	pǔtōng	common; ordinary
13	愿意	yuànyì	be willing
14	约	yuē	make an appointment

对话二 4-4

爱家公司销售部开会讨论是否选天红公司做代理商。

王海运：选不选天红公司做代理商？大家都说说自己的看法吧。

同事B：王经理，天红公司在销售家用电器方面的确很有经验，但是我们的产品是电子设备，它和家用电器的目标客户不太一样。我担心天红公司的经验不一定有用。

王海运：嗯，有道理。如果做了我们的代理商，他们的确需要调整一下销售策略。

同事C：王经理，我看了调查报告，天红公司的注册资金只有20万，去年的营销收入也不到30万。这样的资金能力很难大量买入产品，进行市场推广。

王海运：说得对。如果产品不能大量入市，怎么开拓新市场呢？天红公司的资金能力的确很一般啊！

同事D：除了资金能力，他们的态度也不积极，只有上个月打了一次电话询问是否可以成为我们在大连的独家代理商。这样的公司会积极推广咱们的产品吗？

李晓光：这可能是因为天红公司正在调整管理团队，很多事情没来得及做吧。

王海运：不管怎么说，天红公司做独家代理商肯定不合适了。如果只做普通代理商呢？

同事们：这应该是没问题的。

王海运： 好，那就这样吧。小李，你再跟他们联系一下，看看他们愿不愿意做普通代理商。如果可以，就约个时间，见面谈谈。

李晓光： 好的。

练习二

1 根据对话内容，回答下面的问题。

1. 为什么同事B担心天红公司的销售经验没有用？
2. 如果天红公司做了爱家公司的代理商，他们需要调整什么？
3. 为什么同事C担心天红公司很难大量买入产品？
4. 为什么同事D担心天红公司不会积极推广产品？
5. 为什么天红公司只能做普通代理商？

2 两人一组读对话，根据对话内容完成表格，并简单说明天红公司的不足之处。

问题	原因	办法
销售经验不一定有用		
		不做独家代理商，只做普通代理商
合作态度不积极		经常跟合作伙伴联系

3 在对话中找出下列重点句，并大声朗读。

1. 我们的产品是电子设备，它和家用电器的目标客户不太一样。
2. 如果做了我们的代理商，他们的确需要调整一下销售策略。
3. 这样的资金能力很难大量买入产品，进行市场推广。
4. 如果产品不能大量入市，怎么开拓新市场呢？
5. 除了资金能力，他们的态度也不积极，只有上个月打了一次电话询问是否可以成为我们在大连的独家代理商。

4 用本课学到的表达方式完成下面的对话。

1. A：他们经销过什么产品？

   B：________________。

   A：这方面的经验没有用，因为____。

   B：是的，____________________。

2. A：虽然他们经营规范、管理严格、信誉良好，但是资金能力太一般了。

   B：是啊，____。

3. A：你为什么不选他们做独家代理商？

   B：他们资金能力一般，很难大量买入我们的产品。__________________________________
   ______？

4. A：____。

   B：他们是不是不太想跟我们合作？

   A：不管怎么说，这样的公司不可能积极推广我们的产品。

5. A：我认为你们的销售策略不合适。

   B：我明白，如果做了贵公司的代理商，____________________。

   A：除了调整销售策略，你们还要准备好资金，大量买入产品。________________________
   ________________？

   B：好的，我们一定会帮助贵公司把产品打入大连市场。

5 朗读短文，根据提示复述短文。

1. 读一读。

王经理让大家说说自己对于天红公司做代理商的看法。同事B认为电子设备与家用电器的目标客户不太一样，天红公司销售家用电器的经验不一定有用。同事C很关注天红公司的注册资金和营销收入，认为他们的资金能力一般，很难大量买入产品，也不可能大规模推广产品。同事D觉得天红公司的态度不积极，这样的合作伙伴不会积极推广产品。

2. 练一练。

王经理让大家说说……。同事B认为……与……的目标客户……，天红公司……不一定有用。同事C很关注……和……，认为……一般，很难……产品，也不可能……。同事D觉得天红公司……，这样的合作伙伴不会……。

6 情景模拟。

两家电子设备公司，一家选天红公司做独家代理商，一家选天红公司做普通代理商。根据你对天红公司的了解，你觉得这两家公司关注的方面是否一样？他们为什么做出了不一样的决定？两人一组，自由讨论，然后向全班发表你们的看法。

小组实践活动

1 跟一家代理商合作一年以后，你会从哪些方面去评价这个合作伙伴？比如，货款结算是否顺利，销售策略是否合适，合作态度是否积极，销售业绩是否良好，等等。三到四人一组，自由讨论，然后制作一张评价表，请全班同学对天红公司进行评价。

2 为什么很多公司都想成为知名品牌的独家代理商？独家代理商和普通代理商相比有什么优势？比如，每年可以搞很多场促销活动，提高销售业绩；搞促销活动时，独家代理商可以得到更大的折扣；做知名品牌的独家代理商可以提高公司的知名度，得到更多的营销收入；等等。三到四人一组，自由讨论，然后请一个同学向全班做报告。

工作小贴士

公司里不管什么部门都会经常开会讨论大大小小的问题。参加会议时不仅要积极思考、说出自己的看法、提出可行的建议，还要认真听领导和同事的发言并记录下来。那么，如何做好会议记录呢？

首先，认真听，要自始至终保持注意力集中，关注每个人的发言要点。

其次，提高打字或手写笔记的速度，要逐渐形成自己的一套速记系统。比如，只记关键词，用某些符号代表行业内的专有词语，等等。

再次，开会前要迅速搞清会议的主题或开会的目的。在记录过程中，要尽量简写，只记录跟会议主题有关的重要信息。

最后，搜集优秀的会议记录，多看，多学，包括会议记录的用语和格式等，特别要思考优秀的会议记录是如何把握主次、突出重点的。

当然，最重要的还是多记，每次开会都积极记录，不管记得好不好，都要坚持。经过一段时间的努力练习后，一定能提高做会议记录的水平。

学习总结

- 我学会了一些很重要的词语。

- 我学会了一些很有用的句子。

- 我还有一些内容没有掌握。

- 我打算这样巩固没有掌握的内容。

第 5 课

邀约

工作热身

爱家公司希望天红公司做普通代理商，并且想邀请天红公司销售部经理见面谈谈。如果你是爱家公司的李晓光，打电话邀约的时候，你会说些什么？请你想一想，说一说：

1. 为什么要邀请他见面？
2. 什么时间、什么地点见面比较合适？
3. 见面前需要做哪些准备？

词语一 5-1

1	消息	xiāoxi	news
2	讨论	tǎolùn	discuss
3	同意	tóngyì	agree (with/to)
4	申请	shēnqǐng	apply for
5	大力	dàlì	energetically; vigorously
6	费	fèi	expenses; charges
7	压力	yālì	pressure
8	减轻	jiǎnqīng	ease; lessen
9	期待	qīdài	look forward to
10	总经理	zǒngjīnglǐ	general manager
11	汇报	huìbào	report
12	解释	jiěshì	explain
13	考虑	kǎolǜ	consider; think over
14	决定	juédìng	decision

对话一 5-2

爱家公司李晓光给天红公司销售部经理刘连发打电话，询问他们是否愿意做普通代理商。

刘连发： 喂，您好！

李晓光： 刘经理，您好！我是爱家公司的李晓光，之前跟您联系过。

刘连发： 小李啊！上次打完电话，你让我们等消息。怎么样？今天有什么好消息？

李晓光： 今天的确有个好消息。我们公司开会讨论以后，同意你们公司做普通代理商。

刘连发： 普通代理商？我们可是申请做独家代理商啊！

李晓光： 刘经理，您别着急。情况是这样的，我们公司开拓大连新市场，代理商不仅要大量买入产品，还要大力推广。货款和推广费加起来很多，对独家代理商来说，资金压力太大了。所以我们就多选了几家公司做普通代理商，减轻每家代理商的压力。

刘连发： 是这样啊，我还以为你们公司不信任我们呢。

李晓光： 怎么会呢？你们公司不仅经营规范、管理严格、信誉良好，而且销售力量很强，我们非常期待与你们合作。

刘连发： 我们也很想与你们合作，不过，我得把现在这个情况跟总经理汇报一下。

李晓光： 没问题！您跟总经理解释解释，我们也是替代理商考虑才做出这个决定的。

刘连发： 好，只要总经理同意，咱们就见面谈。

练习一

1 根据对话内容，回答下面的问题。

1. 爱家公司开会讨论以后做出了什么决定？
2. 为什么做独家代理商的资金压力很大？
3. 爱家公司为什么非常期待与天红公司合作？
4. 刘经理为什么要跟总经理汇报？
5. 你觉得天红公司会同意做普通代理商吗？为什么？

2 两人一组读对话，根据对话内容连线，并简单说明两家公司对合作的看法。

- 担心独家代理商既要大量买入产品，又要大力推广产品，需要准备高额的货款和推广费，资金压力太大
- 很想与厂家合作，成为独家代理商
- 认为代理商不仅经营规范、管理严格、信誉良好，而且销售力量很强
- 担心厂家不信任自己的销售团队和资金能力
- 非常期待与代理商合作
- 多选了几家公司做普通代理商，减轻每家代理商的资金压力
- 把现在的情况跟总经理汇报一下，只要总经理同意，就可以见面谈

3 在对话中找出下列重点句，并大声朗读。

1. 我们公司开会讨论以后，同意你们公司做普通代理商。
2. 货款和推广费加起来很多，对独家代理商来说，资金压力太大了。
3. 你们公司不仅经营规范、管理严格、信誉良好，而且销售力量很强，我们非常期待与你们合作。
4. 我得把现在这个情况跟总经理汇报一下。
5. 您跟总经理解释解释，我们也是替代理商考虑才做出这个决定的。

4 用本课学到的表达方式完成下面的对话。

1. A：小李，我们申请做贵公司代理商的事情怎么样了？

   B：________________________________。

2. A：王经理，您为什么不同意他们做独家代理商？

   B：________________________________。

3. A：咱们两家公司合作的事情，您考虑得怎么样了？

   B：________________________________。

   A：太好了！我们也很想与你们合作。

4. A：我们公司最近结算了大量货款，现在拿不出推广费。

   B：________________________________。

   A：您跟总经理解释解释，下个月再搞促销活动吧。

5. A：刘经理，我们公司开会讨论以后，不同意搞这次促销活动。

   B：那________________________________。

   A：________________________________。

   B：好的。这次促销活动规模很大，说实话，我们压力也很大。

5 朗读短文，根据提示复述短文。

1. 读一读。

公司开会讨论以后，认为天红公司资金能力一般。如果同意天红公司做独家代理商，他们不仅要大量买入产品，准备货款，而且要大力推广产品，准备推广费。这对他们来说资金压力太大，所以公司决定让他们做普通代理商，减轻压力。我把这个消息告诉了天红公司销售部刘经理。由于他们申请做独家代理商，现在却只能做普通代理商，所以他要把这个情况跟总经理汇报一下。如果总经理同意，我们就可以见面谈。

2. 练一练。

公司开会讨论以后，认为……。如果同意天红公司……，他们不仅要……，准备……，而且要……，准备……。这对他们来说……，所以公司决定……，减轻……。我把……告诉了……。由于他们申请做……，现在却只能做……，所以他要把……跟……汇报一下。如果……，我们就可以……。

6 情景模拟。

两人一组，一人扮演天红公司销售部经理刘连发，一人扮演天红公司总经理。刘连发向总经理汇报爱家公司的决定，总经理询问爱家公司同意天红公司做普通代理商而不是独家代理商的理由，两人一起商量是否同意做普通代理商。最后向全班展示你们的对话。

词语二 5-3

1	邀请	yāoqǐng	invite
2	面谈	miàntán	discuss face to face
3	抱歉	bàoqiàn	be sorry
4	接受	jiēshòu	accept
5	安排	ānpái	arrange
6	正式	zhèngshì	formal; official
7	高铁	gāotiě	high-speed railway
8	航班	hángbān	flight
9	现场	xiànchǎng	site
10	签约	qiānyuē	sign a contract
11	营业执照	yíngyè zhízhào	business permit
12	委托书	wěituōshū	letter of authorization

对话二 5-4

爱家公司销售部李晓光给天红公司销售部经理刘连发打电话，询问天红公司的决定，并邀请刘连发来北京面谈。

李晓光： 刘经理，您好！我一直在等您的消息呢。

刘连发： 小李，让你久等了，抱歉啊。

李晓光： 没关系，只要是好消息，等多久都可以。

刘连发： 哈哈，你真说对了，的确是个好消息。我跟总经理汇报以后，公司开会讨论了一下，愿意接受你们的安排，从普通代理商做起。

李晓光： 太好了！那我现在就正式邀请您来北京面谈，您什么时候方便？

刘连发： 这个星期我们忙着搞促销活动，下个星期一怎么样？

李晓光： 没问题。从大连到北京，坐飞机、高铁都很方便，您打算怎么来？

刘连发： 坐飞机吧，早点儿到，咱们好好谈一谈。

李晓光： 行，您订好机票以后告诉我航班信息，我去机场接您。

刘连发： 不用那么麻烦，我打车过去就行。

李晓光： 不麻烦，您别客气。对了，如果咱们这次谈得顺利，就会现场签约。您记得带上公司的营业执照和法人的委托书。

刘连发： 好，那我们就北京见了。

李晓光： 北京见。

练习二

1 根据对话内容，回答下面的问题。

1. 天红公司做了什么决定？
2. 刘经理什么时候来北京面谈？
3. 刘经理打算怎么来北京？
4. 刘经理需要带什么？
5. 你觉得爱家公司和天红公司会签约吗？为什么？

2 两人一组读对话，根据对话内容完成表格，并简单介绍李晓光的工作安排。

备忘录	
任务	接天红公司销售部经理刘连发
时间	
地点	
回公司后的活动	
需要查看的东西	＿＿＿＿＿＿＿＿、法人委托书

3 在对话中找出下列重点句，并大声朗读。

1. 公司开会讨论了一下，愿意接受你们的安排，从普通代理商做起。
2. 那我现在就正式邀请您来北京面谈，您什么时候方便？
3. 您订好机票以后告诉我航班信息，我去机场接您。
4. 如果咱们这次谈得顺利，就会现场签约。
5. 您记得带上公司的营业执照和法人的委托书。

4 用本课学到的表达方式完成下面的对话。

1. A：刘经理，你们考虑得怎么样了？

   B：＿＿＿＿＿＿＿＿＿＿＿＿＿＿＿＿＿＿＿＿＿＿。

   A：太好了！希望我们合作愉快。

2. A：我们非常期待与贵公司合作。
   B：我们也很期待。________________________________?
   A：明天就可以。
3. A：我打算坐飞机去。
   B：________________________________。
   A：不用那么麻烦，我打车过去就行。
4. A：________________________________。
   B：贵公司值得信任，我很期待与你们签约。
5. A：下个星期您什么时候来都行。
   B：好的，________________。
   A：您订好机票以后________________，我去机场接您。
   B：太谢谢你了！对了，我需要带些什么吗？
   A：________________________________。

5 朗读短文，根据提示复述短文。

1. 读一读。

天红公司开会讨论了一下，愿意接受我们的安排，从普通代理商做起。听到这个消息，我很高兴，于是正式邀请刘经理来北京面谈。他们这个星期忙着搞促销活动，下个星期一可以来北京。刘经理订好机票以后会把航班信息告诉我，我去机场接他。我很期待这次面谈，如果谈得顺利，很可能现场签约，所以我让刘经理带上公司的营业执照和法人的委托书。

2. 练一练。

天红公司开会……，愿意接受……，从……做起。听到这个消息，……，于是正式邀请……来……面谈。他们这个星期忙着……，……可以来北京。……以后会把……告诉我，我去……接他。我很期待……，如果……，很可能……，所以我让……带上……和……。

6 情景模拟。

天红公司销售部经理刘连发邀请爱家公司销售部李晓光到大连参加爱家公司电子设备的促销活动。对李晓光来说，活动时间是否合适？怎么去大连？需要带些什么？是否需要去机场或火车站接他？是否要与天红公司总经理面谈？……两人一组，一人扮演刘连发，一人扮演李晓光，自由讨论，设计对话，然后向全班展示你们的对话。

小组实践活动

1 一家知名手机公司邀请天红公司做他们在大连的代理商。如果你是天红公司的总经理，你是否会接受大品牌的邀请？三到四人一组，根据天红公司的情况，包括资金能力、销售力量、公司规模和管理水平等，自由讨论，然后做出决定，并说明你们的理由。

2 B公司是A公司在上海的代理商，他们的合作协议即将到期。如果你是A公司的总经理，你愿意让B公司继续做你们的代理商吗？你会根据哪些情况来做决定？比如，B公司的合作态度、营销计划、销售策略、团队力量和销售业绩等。三到四人一组，自由讨论。如果你们对B公司很满意，请给B公司的总经理写一封电子邮件，说明你们的想法，并邀请B公司的总经理来北京面谈。

工作小贴士

日常工作中，销售代表需要经常打电话邀请客户面谈。怎样才能顺利邀请到客户？电话邀约时应该注意什么？

首先，明确邀约目的。打电话前一定要搞清楚自己为什么要邀请对方，这样才能在电话中直接说明打电话的意图，保证邀约电话简短，不浪费客户的时间。

其次，明确邀约对象。打电话前一定要知道自己邀请的人是谁，这个人有什么特点，然后根据他的特点确定电话内容，选择打电话的时间。比如，邀请一个很忙的人，最好选择中午打电话，电话内容要尽量简明。

再次，做好物质准备。打电话前一定要准备好邀约时需要的东西，比如，用来记录的本子和笔。电话中客户提到的问题、客户方便的时间、见面前要做的准备等都可以记录在本子上。

最后，做好心理准备。电话邀约时，客户很可能不同意见面，也可能提出很多不容易解决的问题。打电话前一定要做好心理准备，耐心、热情地与客户沟通，即使最后没有邀约成功，也要从中找到原因，过段时间再打电话，这样才能更好地完成邀约工作。

电话邀约是创造合作机会、促进销售工作开展的一种好方法。优秀的销售代表既要有面对面沟通的能力，又要有电话沟通的技巧。

学习总结

↘ 我学会了一些很重要的词语。

↘ 我学会了一些很有用的句子。

↘ 我还有一些内容没有掌握。

↘ 我打算这样巩固没有掌握的内容。

第 6 课

会谈

工作热身

李晓光把天红公司销售部经理刘连发从机场接回来，爱家公司销售部经理王海运将与刘连发进行会谈。你认为会谈时主要会讨论哪些问题？请你想一想，说一说：

1. 爱家公司给代理商的营销分成是多少？
2. 如果搞促销活动，爱家公司可以提供哪些支持？
3. 天红公司将如何大力推广爱家公司的产品？

词语一 6-1

1	迅速	xùnsù	quick; rapid
2	竭尽全力	jiéjìn quánlì	do one's utmost
3	模式	móshì	model; pattern
4	定价	dìngjià	set a price
5	原价	yuánjià	original price
6	利润	lìrùn	profit
7	分成	fēnchéng	divide by percentage
8	底价	dǐjià	minimum price
9	加价	jiā jià	raise the price
10	比例	bǐlì	proportion
11	物流	wùliú	logistics
12	周边	zhōubiān	neighboring area
13	距离	jùlí	distance

对话一 6-2

爱家公司销售部李晓光把天红公司销售部经理刘连发接到爱家公司，并带他走进会议室。爱家公司销售部经理王海运正在会议室等他们。

李晓光：刘经理，快请进！我来给你们介绍一下，这位是我们公司销售部王经理，这位是天红公司销售部刘经理。

王海运：刘经理，您好！欢迎来到爱家公司。

刘连发：王经理，您好！能够与爱家公司合作，我感到非常荣幸。

王海运：我们也非常期待与天红公司合作。希望在你们的帮助下，我们的产品能够迅速打入大连市场。

刘连发：您放心，我们一定竭尽全力。

李晓光：两位经理，我们坐下来谈吧。

王海运：刘经理，这边坐。请您先介绍一下你们与厂家的合作模式吧。

刘连发：我们有两种合作模式。第一种是厂家定价，我们原价销售，厂家给我们利润分成；第二种是厂家给底价，我们加价销售，厂家与我们结算底价货款。

王海运：哦，那第一种模式的话，你们的分成比例是多少？

刘连发：这得看情况。如果厂家负责物流，我们分成20%；如果我们负责物流，我们分成30%。

王海运：这两个比例都很高啊。我们前几天跟另一家代理商谈，他们的分成比例是22%，而且负责物流。

刘连发： 他们是北京周边的代理商吧？距离近，物流费低，这个比例的确可以接受。

王海运： 是沈阳的代理商，距离跟你们差不多吧。

刘连发： 王经理，沈阳到大连有400千米呢，这个距离可是差很多啊！您看这样行不行？你们负责物流，我们只要18%的分成。

王海运： 还是你们负责物流吧。北京这边的物流公司要价高，你们找个当地的物流公司，要价会低很多。

刘连发： 没问题。不过，22%的分成比例真不行，最少25%，您看怎么样？

王海运： 行，那就25%。

练习一

1 根据对话内容，回答下面的问题。

1. 天红公司与厂家有几种合作模式？
2. 爱家公司还与哪个地方的代理商谈过？
3. 天红公司为什么不同意22%的分成比例？
4. 最后哪家公司负责物流？
5. 最后谈好的分成比例是多少？

2 两人一组读对话，根据对话内容填空，并简单说明不同地区代理商对分成比例的要求。

北京周边代理商负责物流，分成比例可以是________。

沈阳代理商负责物流，分成比例是________。

大连代理商不能接受的分成比例是________。如果代理商负责物流，分成比例最少________；如果不负责物流，分成比例可以是________。

3 在对话中找出下列重点句，并大声朗读。

1. 能够与爱家公司合作，我感到非常荣幸。
2. 希望在你们的帮助下，我们的产品能够迅速打入大连市场。
3. 第一种是厂家定价，我们原价销售，厂家给我们利润分成；第二种是厂家给底价，我们加价销售，厂家与我们结算底价货款。
4. 如果厂家负责物流，我们分成20%；如果我们负责物流，我们分成30%。
5. 您看这样行不行？你们负责物流，我们只要18%的分成。

4 用本课学到的表达方式完成下面的对话。

1. A：王经理，______________________________。
   B：我们也非常期待与贵公司合作。
2. A：贵公司的销售能力很强，希望______________________________。
   B：您放心，我们一定_______________。
   A：你们的销售代表专业对口，还有经验，我很信任你们。
3. A：我想了解一下你们与厂家的合作模式，您能不能介绍介绍？
   B：主要有两种模式。第一种是______________________________；第二种是___________________________。
   A：那你们一般选择哪种模式？
   B：如果分成比例合适，我们一般选______。
4. A：公司需要做到全国统一定价，所以选第一种模式。你们要多少分成？
   B：这得看情况。如果_______________；如果_______________。
   A：我们有自己的物流公司，你们的分成比例能不能低一些？
   B：最少______。
5. A：______________________________。
   B：我们这边物流公司要价高，还是你们负责物流吧。
   A：那分成比例______，您看怎么样？

5 朗读短文，根据提示复述短文。

1. 读一读。

　　销售部王经理与刘连发见面以后，开始讨论合作模式的问题。天红公司跟厂家的合作模式有两种。第一种是厂家定价，他们原价销售，最后厂家给他们利润分成；第二种是厂家给底价，他们加价销售，最后与厂家结算底价货款。王经理选了第一种合作模式。刘连发介绍说，如果他们公司负责物流，分成比例是30%；如果厂家负责物流，分成比例是20%。讨论以后，双方决定由天红公司负责物流，分成比例是25%。

2. 练一练。

　　……与……见面以后，开始讨论……。天红公司跟厂家的合作模式有两种。第一种是……，……，……；第二种是……，……，……。王经理选了……。刘连发介绍说，如果……，分成比例是……；如果……，分成比例是……。讨论以后，双方决定由……负责物流，分成比例是……。

6 情景模拟。

　　爱家公司与天红公司的合作模式已经确定，并且双方谈好了利润分成比例。假设你是爱家公司总经理，请评价一下这次会谈的结果，包括是否选对了合作模式、分成比例是否合适、是否应该负责物流等。

词语二 6-3

1	提供	tígōng	provide
2	报价单	bàojiàdān	(price) quotation
3	包括	bāokuò	include; incorporate
4	成本	chéngběn	cost
5	核算	hésuàn	examine and calculate
6	销量	xiāoliàng	sales (volume)
7	统一	tǒngyī	unified
8	消费	xiāofèi	consume
9	保证	bǎozhèng	ensure; guarantee
10	另外	lìngwài	in addition; besides
11	支持	zhīchí	support
12	礼品	lǐpǐn	present; gift
13	吸引力	xīyǐnlì	(force of) attraction
14	合同	hétóng	contract

对话二 6-4

爱家公司销售部经理王海运与天红公司销售部经理刘连发继续讨论合作的具体问题。

刘连发： 王经理，如果选第一种合作模式，您得给我们提供一份产品报价单，要包括市场定价和成本核算。

王海运： 我们已经准备好了，您看一下。

刘连发： 我觉得定价有点儿高。您也知道，如果定价太高，产品的销量就很难上去。

王海运： 这是公司的统一定价，如果我给您降价了，别的代理商也会来找我要求降价。

刘连发： 那咱们选第二种合作模式吧。您核算一个底价，我们根据大连的消费水平和公司的营销成本出一个合适的定价。这样我们可以保证产品的销量，有了销量才能打开市场。

王海运： 嗯，这个模式也可以。我这就让同事们核算一下。

刘连发： 另外，推广产品肯定要搞促销活动，你们得多多支持啊。

王海运： 没问题！我们可以提供一些礼品。

刘连发： 除了礼品，能不能再给些折扣？说实话，只有降价才是最有吸引力的。

王海运： 您说得有道理。不过，我们的利润不高，最多只能降价10%。

刘连发： 10%也行。有了你们的支持，我们肯定能打开大连市场。

王海运： 好，那我就让同事准备合同了。

练习二

1 根据对话内容，回答下面的问题。

1. 产品报价单需要包括什么？
2. 刘经理觉得产品定价怎么样？
3. 如果产品定价太高会有什么问题？
4. 刘经理建议爱家公司选哪种合作模式？
5. 如果搞促销活动，爱家公司可以提供哪些支持？

2 两人一组读对话，根据对话内容连线，并简单介绍两种合作模式。

第一种合作模式 •	• 可以保证销量，打开市场
	• 可以根据当地消费水平给出定价
	• 厂家统一定价，不能给某个代理商单独降价
第二种合作模式 •	• 可以根据营销成本给出定价
	• 市场定价高，销量很难上去

3 在对话中找出下列重点句，并大声朗读。

1. 您得给我们提供一份产品报价单，要包括市场定价和成本核算。
2. 如果定价太高，产品的销量就很难上去。
3. 您核算一个底价，我们根据大连的消费水平和公司的营销成本出一个合适的定价。
4. 说实话，只有降价才是最有吸引力的。
5. 我们的利润不高，最多只能降价10%。

4 用本课学到的表达方式完成下面的对话。

1. A：刘经理，我们需要准备什么？

   B：________________________。

   A：这个我们已经准备好了，您看一下。

   B：________________________。

2. A：刘经理，您看这个定价合适吗？

B：有点儿高。您也知道，________________________________。

A：好，那我们调整一下。

3. A：刘经理，你们是怎么定价的？

B：________________________________。

A：哦，那我们得核算一下。

4. A：这次促销活动怎么搞？还是买产品送礼品吗？

B：________________________________。除了礼品以外，________________？

A：那我得跟王经理申请一下。

5. A：你们能给多少折扣？

B：________________________________。

A：哦，这样的话，能不能再提供一些别的支持？

B：没问题，____________。

5 朗读短文，根据提示复述短文。

1. 读一读。

因为爱家公司是统一定价，不能给某个代理商单独降价，所以刘经理认为第二种合作模式更好。爱家公司出底价，天红公司根据大连的消费水平和公司的营销成本给出一个合适的定价。另外，为了开拓新市场，代理商需要厂家提供支持，多搞几场促销活动。除了提供礼品，爱家公司还同意降价10%。这样可以保证销量，有了销量才能迅速打开大连市场。

2. 练一练。

因为爱家公司……，不能……，所以刘经理认为……。爱家公司……，天红公司根据……和……给出……。另外，为了……，代理商需要……提供……，多搞几场……。除了……，爱家公司还同意……。这样可以……，有了销量才能……。

6 情景模拟。

爱家公司与天红公司就要签约了。假设你是爱家公司总经理，除了合作模式、促销支持和产品底价等，你还想把什么写在合同里？比如，货款结算时间、每月销量、促销活动的时间和次数等。请想一想，然后向全班介绍合同的具体内容。

小组实践活动

1 一般来说，代理商与厂家的合作模式有两种。一种是原价销售，厂家给代理商利润分成；一种是加价销售，厂家和代理商结算底价货款。如果你是一家营销公司的总经理，想做某品牌产品的代理商，你更喜欢哪种合作模式？三到四人一组，自由讨论，然后请一个同学向全班做报告。

2 代理商为了提高销售业绩，经常搞促销活动。只要一搞活动就要求厂家提供支持，除了赠送礼品，还要求降价。那么，什么样的促销活动更有吸引力呢？三到四人一组，自由讨论，然后请一个同学向全班做报告。

工作小贴士

对公司的销售代表来说，商务会谈是非常重要的工作。那么，会谈时需要注意什么呢？

第一，明确会谈的态度。会谈的对象各不相同，有的是我们特别重视的，有的是我们不抱希望的，有的是我们不愿意合作的。我们需要根据具体情况以及会谈结果的重要程度来确定会谈时的态度。

第二，充分了解会谈对象。对对方的了解越多，越能把握主动权，成功的概率也越高。会谈前，不仅要确定会谈的目的和心里的底线，而且要了解对方的经营情况、公司文化、会谈代表的性格等。另外，还要了解竞争对手的情况。

第三，准备不同的会谈方案。会谈时双方都会先拿出对自己最有利的方案，争取从中获得更多的利益，但因为双方立场不同，所以会谈时需要反复讨论。如果为会谈准备了多种方案，那么在互相协商、变通甚至妥协的过程中，就能够一直有所预判，最终取得理想的结果。

第四，建立融洽的会谈氛围。会谈时可以从双方看法相同的地方开始谈，给对方留下一种容易合作的印象。最开始建立起来的信任在关键时刻能够化解分歧，促进理解。

第五，组织简明的语言。会谈不是聊天儿，松散、漫无目的的语言没有意义，要尽可能简明地表达自己的观点，留出时间进行有意义的讨论。

学习总结

↘ 我学会了一些很重要的词语。

↘ 我学会了一些很有用的句子。

↘ 我还有一些内容没有掌握。

↘ 我打算这样巩固没有掌握的内容。

第 7 课

参观

工作热身

李晓光陪天红公司销售部经理刘连发参观爱家公司的工厂。你认为他们在参观过程中会谈论些什么？请你想一想，说一说：

1. 生产车间的环境和设备怎么样？
2. 样品间摆放了哪些产品？它们有什么特点？
3. 爱家公司的生产能力如何？能不能满足市场需求？

词语一 7-1

1	生产	shēngchǎn	produce
2	车间	chējiān	workshop
3	智能	zhìnéng	intellectual ability
4	音箱	yīnxiāng	speaker; sound box
5	宽敞	kuānchang	spacious; commodious
6	自动化	zìdònghuà	automate
7	工人	gōngrén	worker
8	操作	cāozuò	operate; handle
9	先进	xiānjìn	advanced; progressive
10	进口	jìnkǒu	import
11	效率	xiàolǜ	efficiency
12	质量	zhìliàng	quality
13	检验	jiǎnyàn	check; examine
14	安全性	ānquánxìng	security
15	语音	yǔyīn	speech sound
16	识别	shíbié	identify; recognize

对话一 7-2

爱家公司销售部李晓光陪天红公司销售部经理刘连发参观生产车间。

李晓光：刘经理，这就是智能音箱的生产车间。

刘连发： 车间很宽敞，也很干净。

李晓光：咱们去看看设备吧。

刘连发： 好啊。

李晓光：您看，这些设备都是自动化的，工人只要操作电脑就可以了。

刘连发： 这么先进的设备一定不便宜吧？

李晓光：这些设备都是从法国进口的，的确很贵。不过，有了它，生产效率提高了，产品质量也更有保障，还是值得的。

刘连发： 嗯，你说得对。没有质量，怎么开拓市场呢？

李晓光：谢谢您的肯定。参观完车间，咱们去检验室看看吧。

刘连发： 好啊，智能音箱需要做哪些方面的检验呢？

李晓光：主要检验音质、安全性和语音识别情况。

刘连发： 嘿！这检验室的工人比车间都多。

李晓光：刘经理，这些可不是普通的工人，他们都是智能科学与技术专业的优秀毕业生。

刘连发： 是啊，检验工作肯定要由专业人才来做。

练习一

1 根据对话内容，回答下面的问题。

1. 爱家公司的生产车间怎么样？
2. 爱家公司为什么买这么贵的设备？
3. 智能音箱需要做哪些方面的检验？
4. 为什么检验室的工人比生产车间多？
5. 在检验室工作的都是什么人？

2 两人一组读对话，根据对话内容完成表格，并简单介绍生产车间和检验室的情况。

生产车间	环境	________
	设备	自动化，________
		从法国进口的，____
		有了它，________
检验室	检验内容	音质、____、________
	检验人员	不是普通的工人，________

3 在对话中找出下列重点句，并大声朗读。

1. 这些设备都是自动化的，工人只要操作电脑就可以了。
2. 有了它，生产效率提高了，产品质量也更有保障。
3. 参观完车间，咱们去检验室看看吧。
4. 主要检验音质、安全性和语音识别情况。
5. 这些可不是普通的工人，他们都是智能科学与技术专业的优秀毕业生。

4 用本课学到的表达方式完成下面的对话。

1. A：小李，这些设备看上去不错啊！
   B：当然了，________________________。
2. A：这设备没买错，有了它，________________________。
   B：当然，这可是目前最先进的设备。
   A：是啊，虽然价格高，但是工人成本降低了。
   B：没错！有了自动化设备，________________________。
3. A：小李，你们的生产车间给我留下了深刻的印象。
   B：刘经理，____________。
   A：好啊，我还没去过检验室呢。
4. A：这就是我们的检验室。
   B：智能音箱需要做哪些方面的检验？
   A：________________________。
5. A：你们的工人不用在车间生产，都在检验室里工作吗？
   B：________________________。

5 朗读短文，根据提示复述短文。

1. 读一读。

今天我陪天红公司销售部刘经理参观了生产车间。车间的环境很好，又宽敞又干净。车间的设备都是从法国进口的，虽然价格很高，但是提高了生产效率，也保证了产品质量。智能音箱生产出来以后，要进行质量检验，主要检验音箱的音质、安全性和语音识别情况。检验室的工作人员都是智能科学与技术专业的优秀毕业生。有了质量保障，我们一定能开拓出新的市场。

2. 练一练。

今天我陪……参观了……。车间的环境……，又……又……。车间的设备……，虽然……，但是提高了……，也保证了……。智能音箱……以后，要进行……，主要检验音箱的……。检验室的工作人员都是……。有了质量保障，我们一定……。

6 情景模拟。

爱家公司需要购买一套生产设备。进口设备知名度高，质量好，价格也贵；国产设备知名度一般，质量也不错，价格便宜不少。到底买进口的还是国产的？两人一组，一人扮演公司总经理，一人扮演生产部经理，自由讨论，做出决定，然后向全班展示你们的对话。

词语二 7-3

1	样品间	yàngpǐnjiān	sample room
2	外观	wàiguān	outward appearance
3	时尚	shíshàng	fashionable
4	喜好	xǐhào	like; interest
5	设计	shèjì	design
6	款	kuǎn	kind; type
7	造型	zàoxíng	shape; modeling
8	别致	biézhì	novel; unique
9	推出	tuīchū	put out; launch
10	采用	cǎiyòng	adopt
11	3D打印	sān D dǎyìn	3D printing
12	其实	qíshí	actually
13	特点	tèdiǎn	characteristic; feature
14	功能	gōngnéng	function
15	厉害	lìhai	excellent

对话二 7-4

爱家公司销售部李晓光陪天红公司销售部经理刘连发参观样品间。

李晓光：刘经理，咱们现在来到了样品间。

刘连发：这些智能音箱的外观都很时尚啊！

李晓光：外观是根据目标客户的喜好设计的。您也知道，智能音箱的目标客户是年轻人，外观时尚才有吸引力。

刘连发：你看，这款音箱的造型很别致，像一只茶杯。

李晓光：这款是今年新推出的，采用了3D打印技术，造型的确很特别。

刘连发：3D打印技术，这么先进啊！

李晓光：是的，只要您设计出造型，我们就能做出来。其实，除了造型特别以外，这款音箱最大的特点是智能对话功能。如果一个人在家很无聊，可以跟它聊天儿。刘经理，您想不想试试？

刘连发：怎么试？

李晓光：您先叫它的名字“家家”，它答应以后，你们就可以随便聊了。

刘连发：家家，你知道我现在在想什么吗？

音　箱：您是不是想把我带回家？

刘连发：对！你真是太厉害了！

音　箱：您过奖了。

练习二

1 根据对话内容，回答下面的问题。

1. 他们现在在什么地方参观？
2. 智能音箱的外观是根据什么设计的？
3. 怎样才能做出造型特别的音箱？
4. 新款智能音箱最大的特点是什么？
5. 你觉得刘经理对产品满意吗？为什么？

2 两人一组读对话，根据对话内容完成表格，并简单介绍智能音箱。

新款智能音箱		
	外观	设计得________________，对________________有吸引力
	造型	采用了________________，造型________________ 只要设计出造型，________________
	功能	最大的特点是____________ 一个人在家无聊时可以________________

3 在对话中找出下列重点句，并大声朗读。

1. 外观是根据目标客户的喜好设计的。
2. 智能音箱的目标客户是年轻人，外观时尚才有吸引力。
3. 这款音箱的造型很别致，像一只茶杯。
4. 这款是今年新推出的，采用了3D打印技术。
5. 除了造型特别以外，这款音箱最大的特点是智能对话功能。

4 用本课学到的表达方式完成下面的对话。

1. A：小李，产品的外观设计得很不错啊！
   B：____________________。
   A：看来你们花了很多心思啊！
   B：只有花心思，设计出来的造型才________。

2. A：小李，产品的目标客户是哪一类人？

B：____。

A：怪不得颜色、造型都这么时尚。

3. A：刘经理，您对产品哪方面印象深刻？

B：造型，____。

A：这个造型是根据目标客户的喜好设计的。

4. A：我觉得这款更好。

B：您选得没错，____。

A：3D打印技术，这么先进啊！

5. A：____。

B：我跟它对话？

A：是啊，如果一个人在家很无聊，____________________。

B：怎么聊？

A：您先叫它的名字，它答应以后，____________________。

5 朗读短文，根据提示复述短文。

1. 读一读。

爱家公司的样品间里展示了不同型号的智能音箱。音箱的外观都是根据年轻人的喜好设计的，非常时尚，很有吸引力。今年新推出的一款音箱采用了3D打印技术，造型很别致，像一只茶杯。除了造型特别以外，这款音箱最大的特点是智能对话功能。如果一个人在家无聊，可以跟它聊天儿。只要叫它的名字，等它答应以后，就可以随便聊了。

2. 练一练。

爱家公司的样品间里展示了……。……都是根据……设计的，非常……，很有……。今年新推出的一款音箱采用了……，造型……，像……。除了……以外，这款音箱最大的特点是……。如果……，可以……。只要……，等……以后，就……。

6 情景模拟。

爱家公司新推出的智能音箱外观时尚，造型别致，而且功能很多。不仅可以用它听音乐，还可以跟它语音对话。当然，价格也不便宜。两人一组，一人扮演妈妈，一人扮演正在读高中的孩子。妈妈不同意孩子买这款智能音箱，孩子说出了充分的购买理由。两人自由讨论，做出决定，然后向全班展示你们的对话。

小组实践活动

1 一般来说，知名品牌在世界各地都有自己的工厂。你们国家有哪些知名品牌的工厂？那里的生产车间、检验室、样品间、仓库等怎么样？三到四人一组，自由讨论，然后请一个同学向全班介绍这个品牌的工厂。

2 每个国家都有自己的特色产品。有的国家啤酒很有名，有的国家电子设备很先进，有的国家咖啡很好喝……三到四人一组，自由讨论，然后请每个同学都向全班做一个报告，介绍自己国家的特色产品。

工作小贴士

代理商决定与厂家合作前，都希望到工厂去看一看。对销售代表来说，陪客户参观工厂是很重要的工作。那么，参观过程中销售代表需要介绍些什么呢？

销售代表不是导游，所以不仅要向客户介绍工厂的生产流程，还要让客户了解工厂的产能、产品的质量和工人的素质等。

对于工厂的产能、质量标准和工人信息等，销售代表应该提前准备好相关材料，在客户进厂之前就交给他们，让他们提前了解，做到心中有数。参观过程中，客户只关注生产流程和样品即可。

对于生产流程，销售代表要陪同客户走进生产车间进行实地考察，全面介绍生产流程，并回答客户关心的问题。因此，销售代表要非常熟悉产品的生产流程，尤其是工厂采用的技术、使用的原料、制定的质量标准等。专业的销售代表应该经常到车间去了解生产细节，这样才能赢得客户的信任。

另外，参观过程中，销售代表不要一味地讲解、介绍，应该积极与客户互动、交流，了解他们关心的问题，消除他们心中的疑虑，与客户建立起良好的信任关系，这样才有利于提高合作的成功率。

学习总结

我学会了一些很重要的词语。

我学会了一些很有用的句子。

我还有一些内容没有掌握。

我打算这样巩固没有掌握的内容。

第 8 课 宴请

工作热身

天红公司销售部经理刘连发来到北京和离开北京时，爱家公司都会热情地宴请他。你认为他们在吃饭过程中会说些什么？请你想一想，说一说：

1. 如何对客户的到来表示欢迎？
2. 如何表达对合作的期待？
3. 如何总结客户来访的工作成果？

词语一 8-1

1	表示	biǎoshì	express
2	举行	jǔxíng	host
3	晚宴	wǎnyàn	banquet (held in the evening)
4	举	jǔ	raise; lift
5	热烈	rèliè	warm; enthusiastic
6	招待	zhāodài	entertain
7	包涵	bāohán	excuse; forgive
8	日程	rìchéng	schedule; agenda
9	收获	shōuhuò	results; gains
10	敬	jìng	offer politely
11	专程	zhuānchéng	on a special trip
12	辛苦	xīnkǔ	strenuous; laborious
13	业务	yèwù	business
14	开展	kāizhǎn	launch; develop
15	周到	zhōudào	considerate; thoughtful
16	耐心	nàixīn	patience

对话一 8-2

爱家公司销售部经理王海运和同事们陪同总经理赵金利宴请天红公司销售部经理刘连发，对他的到来表示欢迎。

赵金利： 各位同事，今天我们在这里举行晚宴，欢迎天红公司刘经理。请大家举杯，让我们对刘经理的到来表示热烈欢迎！

刘连发： 谢谢赵总！谢谢各位同事！能与爱家公司合作，我感到非常荣幸。

赵金利： 刘经理、各位同事，干杯！

众　人： 干杯！干杯！

赵金利： 刘经理，我听说您到了北京就开始工作，今天才有时间一起吃饭。招待不周，还请您多多包涵。

刘连发： 赵总，您客气了！这两天的日程的确很紧张，但是我的收获很大，感谢爱家公司给我这个学习的机会。

赵金利： 刘经理，您也不要客气。希望我们合作顺利，为我们的合作干杯！

刘连发： 干杯！

王海运： 刘经理，我敬您一杯！感谢您专程来到北京，一路辛苦了。

刘连发： 王经理，应该是我敬您才对，感谢您对天红公司的信任。

王海运：您太客气了！希望在天红公司的帮助下，大连的销售业务能够迅速开展起来。

刘连发：您放心，我们一定竭尽全力。

王海运：好，为新市场销售顺利干杯！

李晓光：刘经理，我也敬您一杯。在北京这几天，我会一直陪着您。如果日程安排有问题，请随时告诉我，我可以调整。

刘连发：小李，没有问题。你做事周到，又有耐心，我应该感谢你才对。来，我敬你！

练习一

1 根据对话内容，回答下面的问题。

1. 爱家公司为什么举行晚宴？
2. 刘经理为什么一直没有跟大家吃饭？
3. 王经理为什么要敬刘经理一杯？
4. 刘经理在北京的时候，李晓光的工作是什么？
5. 刘经理觉得李晓光怎么样？

2 两人一组读对话，根据对话内容连线，并简单说明爱家公司的人向刘经理敬酒的原因。

赵总 •	• 一直陪同刘经理，希望得到他的肯定
王经理 •	• 希望刘经理帮助爱家公司迅速开展大连的销售业务
李晓光 •	• 负责安排刘经理的日程，希望他对日程安排满意
	• 感谢刘经理专程从大连来到北京
	• 一直没有请刘经理吃饭，招待不周，请刘经理包涵
	• 希望爱家公司和天红公司合作顺利
	• 代表公司欢迎刘经理

3 在对话中找出下列重点句，并大声朗读。

1. 请大家举杯，让我们对刘经理的到来表示热烈欢迎！
2. 招待不周，还请您多多包涵。
3. 这两天的日程的确很紧张，但是我的收获很大。
4. 刘经理，我敬您一杯！
5. 希望在天红公司的帮助下，大连的销售业务能够迅速开展起来。

4 用本课学到的表达方式完成下面的对话。

1. A：小李，人都来了吗？
   B：都来了。
   A：好，________________________________！
2. A：今天我们在这里举行宴会，欢迎刘经理到公司参观！
   B：能有机会到贵公司来，我感到________________。
   A：不知道饭菜合不合您的口味，________________。
3. A：刘经理，不好意思，这次安排的事情太多了吧？
   B：赵总，________________________________。
   A：招待不周，________________。
4. A：________________________________！
   B：您太客气了！应该________才对。
   A：为我们的合作干杯！
5. A：王经理，很高兴有机会跟贵公司合作。
   B：能跟你们签约，我感到很高兴。________________________________。
   A：您放心，________________。

5 朗读短文，根据提示复述短文。

1. 读一读。

爱家公司举行宴会欢迎天红公司销售部刘经理。刘经理专程从大连来到北京，到了以后就开始工作，非常辛苦。爱家公司赵总觉得自己招待不周，希望刘经理多多包涵。王经理向刘经理敬了一杯酒，希望在他的帮助下，大连的销售业务能够迅速开展起来。我负责安排刘经理的日程，并一直陪同刘经理。我也向刘经理敬了一杯酒，希望能得到刘经理的肯定。

2. 练一练。

爱家公司举行……欢迎……。刘经理……从……来到……，到了以后就……，非常……。爱家公司赵总觉得……，希望……。王经理向……敬了一杯酒，希望在他的帮助下，大连的销售业务能够……。我负责……，并一直……。我也向……敬了……，希望能得到……。

6 情景模拟。

天红公司销售部经理专程来北京谈合作，爱家公司举行宴会欢迎他的到来。在宴会开始之前，爱家公司的代表需要简单说两句。如果你是爱家公司的代表，你会说什么？请想一想，然后向全班说出你的欢迎词。

词语二 8-3

1	确定	quèdìng	define; decide
2	考察	kǎochá	inspect; make an on-the-spot investigation
3	工厂	gōngchǎng	factory
4	订单	dìngdān	purchase order
5	难得	nándé	hard to get; rare
6	推进	tuījìn	push on
7	协调	xiétiáo	coordinate
8	意见	yìjiàn	opinion; suggestion
9	加强	jiāqiáng	strengthen; step up
10	多亏	duōkuī	owe sth to sb
11	赠送	zèngsòng	present as a gift
12	心意	xīnyì	regard
13	笑纳	xiàonà	kindly accept [used when presenting a gift]
14	恭敬不如从命	gōngjìng bùrú cóngmìng	it is better to obey sb than to decline respectfully
15	款待	kuǎndài	entertain

对话二 8-4

天红公司销售部经理刘连发即将返回大连，爱家公司销售部举行宴会欢送他。

王海运： 各位同事，我说两句。刘经理来北京这几天一直忙于工作。下了飞机就跟我们会谈，确定合作模式，现场签约。昨天他又去考察了工厂，还下了订单。这样的工作效率值得我们每个人学习。我先举杯，代表销售部对刘经理这几天的辛苦工作表示感谢！

刘连发： 王经理，您客气了！你们的团队做事规范，能力很强，给了我很大的帮助。为大家的辛苦工作干杯！

李晓光： 刘经理，我敬您一杯！与您一起工作是难得的学习机会，我有什么考虑不周的地方，还请您多多包涵。

刘连发： 小李，你太客气了！我在大连的时候，你一直跟我联系，推进这次合作。我到了北京，你又去机场接我，又陪我参观工厂。这次合作与你的努力是分不开的，我应该敬你才对啊！

李晓光： 谢谢您的肯定！今后我会专门负责大连代理商的协调工作，您有什么意见就跟我说。

刘连发： 太好了！希望我们加强合作，迅速打开新市场。

李晓光： 为我们的合作干杯！

王海运：刘经理，这次合作谈得这么顺利，多亏了您的支持和信任。为了表示感谢，我代表爱家公司向您赠送一份小礼品，请您收下。

刘连发：王经理，这怎么好意思呢？

王海运：一点儿心意，还请笑纳。

李晓光：刘经理，不是在外边买的礼品，是您最想带回去的“家家”，您就收下吧。

刘连发：“家家”啊！那我就恭敬不如从命了，哈哈！王经理、各位同事，感谢你们的热情款待，今后有机会一定要到大连来啊！干杯！

众　人：干杯！

练习二

1 根据对话内容，回答下面的问题。

1. 李晓光为什么要敬刘经理一杯酒？
2. 刘经理为什么感谢李晓光？
3. 李晓光今后专门负责什么工作？
4. 王海运代表爱家公司向刘经理赠送了什么礼品？
5. 你觉得刘经理喜欢这个礼品吗？为什么？

2 两人一组读对话，根据对话内容连线，并简单介绍刘经理的工作情况。

来北京前 •	• 与销售部经理王海运会谈，讨论合作模式
到北京后 •	• 跟天红公司总经理联系，然后下订单
	• 确定合作模式，并现场签约
	• 考察爱家公司的工厂
	• 跟李晓光保持联系，推进与爱家公司的合作
	• 参加爱家公司的宴会

3 在对话中找出下列重点句，并大声朗读。

1. 我先举杯，代表销售部对刘经理这几天的辛苦工作表示感谢！
2. 与您一起工作是难得的学习机会，我有什么考虑不周的地方，还请您多多包涵。
3. 这次合作与你的努力是分不开的，我应该敬你才对啊！
4. 这次合作谈得这么顺利，多亏了您的支持和信任。
5. 为了表示感谢，我代表爱家公司向您赠送一份小礼品，请您收下。

4 用本课学到的表达方式完成下面的对话。

1. A：王经理，宴会就要开始了。
   B：好，______________________________！
   C：谢谢贵公司的热情款待，为_______________干杯！
2. A：刘经理，______________________________。
   B：你客气了！你做事周到，又有耐心，给了我_______________。
   A：谢谢您的肯定！

3. A：刘经理，我敬您一杯！感谢您积极推进这次合作。

B：______________________________！

A：谢谢您的肯定！

B：希望我们加强合作，_______________。

4. A：刘经理，我敬您一杯！这次合作______________________________。

B：我代表天红公司向您保证，一定开展好销售业务！

5. A：______________________________。

B：您太客气了！这些都是我应该做的。

A：不是在外面买的礼品，是_______________，您就收下吧。

B：那我就_______________了。

5 朗读短文，根据提示复述短文。

1. 读一读。

刘经理在北京工作效率很高，现在他就要回大连了。王经理代表销售部对刘经理的辛苦工作表示感谢，并送给他一份礼品。我这几天一直陪着刘经理，刘经理非常肯定我的工作，认为这次合作与我的努力是分不开的。我今后也会负责大连代理商的协调工作，刘经理希望我们加强合作，迅速打开新市场。宴会的最后，刘经理对大家表示感谢，并且希望有机会在大连招待我们。

2. 练一练。

刘经理在北京……，现在他就要……了。王经理代表……对……表示感谢，并……。我这几天……，刘经理非常肯定……，认为……与……是分不开的。我今后也会负责……，刘经理希望……，……。宴会的最后，刘经理对……表示……，并且希望……在……招待……。

6 情景模拟。

天红公司销售部经理考察结束，即将离开北京，爱家公司举行宴会为他送行。如果你是天红公司销售部经理，你会在宴会上说些什么？比如，总结工作成果，肯定厂家的工作，感谢厂家的款待，对厂家的工作人员发出邀请，等等。请想一想，然后向全班说一说。

小组实践活动

1 一般来说，在客户到来和离开之时，公司都会安排商务宴会。你参加过商务宴会吗？你觉得商务宴会有什么特点？比如，一般安排在什么时候，饭菜酒水要注意什么，如何安排座位，等等。三到四人一组，自由讨论，然后请一个同学向全班做报告。

2 客户将要离开公司，你觉得应该送点儿什么礼品？比如，公司的最新产品、工厂的样品、当地的特产等。三到四人一组，自由讨论，然后请一个同学向全班介绍你们的决定，并说明理由。

工作小贴士

在中国，大部分商务活动都会安排商务宴会。一是因为中国人认为请客吃饭可以拉近关系、增进了解、发展友谊；二是因为吃饭时气氛轻松，容易交流，很多问题在谈判桌上谈不好，但是在饭桌上可以谈成。因此，作为销售代表，要学会安排商务宴会。那么，宴会上需要注意什么呢？

首先，宴会开始时，参加宴会的最高级别领导需要致祝酒词。销售代表要提前告知领导宴会的目的，并请领导准备好祝酒词。

其次，宴会过程中，销售代表要向客户敬酒，表示对客户的重视。每次敬酒都需要有个说词，比如，对方的信任、双方的配合、工作的希望等。敬酒时的交流可以增进双方的关系。

最后，宴会结束时，可以邀请客户简单说两句。如果准备了礼品，也可以在这个时候送给客户，并说明心意。

一般来说，一次宴会大概会有十几道菜，有酒，有饮料。大家边吃边谈，时间在两个小时左右。销售代表可以利用这段时间与客户深入沟通，了解他们的需求，拉近双方的心理距离，为合作奠定基础。

学习总结

- 我学会了一些很重要的词语。

- 我学会了一些很有用的句子。

- 我还有一些内容没有掌握。

- 我打算这样巩固没有掌握的内容。

第 9 课

促销

工作热身

为了迅速打开大连市场，天红公司要搞一场促销活动。你认为什么样的促销活动更有吸引力？请你想一想，说一说：

1. 大降价更有吸引力，因为……
2. 买产品送礼品更有吸引力，因为……
3. 买产品抽大奖更有吸引力，因为……

词语一 9-1

1	重视	zhòngshì	attach importance to
2	新意	xīnyì	new idea; originality
3	招揽	zhāolǎn	solicit (customers)
4	顾客	gùkè	customer
5	包装	bāozhuāng	packing; wrapping
6	精美	jīngměi	exquisite
7	刺激	cìjī	stimulate
8	冲动	chōngdòng	be on an impulse
9	关键	guānjiàn	key
10	贵重	guìzhòng	valuable; precious
11	建议	jiànyì	suggestion
12	品种	pǐnzhǒng	variety; assortment
13	等级	děngjí	grade; rank
14	抽奖	chōujiǎng	draw for a prize
15	运气	yùnqi	fortune; luck
16	沟通	gōutōng	communicate

对话一 9-2

爱家公司销售部李晓光收到天红公司发来的促销方案，他拿给销售部经理王海运看，并和他一起讨论这个方案。

李晓光： 王经理，这是天红公司的促销方案，您看一下。

王海运： 刘经理回去没几天就把促销方案设计出来了，效率真高啊！

李晓光： 是啊，看来天红公司对这次合作很重视。

王海运： 嗯，态度的确很积极，就是促销方案没有什么新意。

李晓光： 为什么这么说？

王海运： 你看啊，先用降价招揽顾客，然后用包装精美的礼品刺激他们冲动消费，以此提高销量。这样的促销活动天天都有，消费者还会觉得有吸引力吗？

李晓光： 的确吸引力不大。另外，因为折扣不变，所以能不能提高销量关键看礼品，只有贵重的礼品才有吸引力。这样一来，营销成本会增加不少啊！

王海运： 没错，那你有什么建议吗？

李晓光： 王经理，您看这样行不行？咱们把不同品种的礼品分成三个等级，让买了产品的顾客抽奖。顾客有可能抽到一等奖、二等奖，也可能只抽到三等奖。这样的话，我们准备的礼品还可以用，不会增加成本，而且只要买了产品就能抽奖，现场的顾客如果想试试自己的运气，说不定就买了。

王海运： 嗯，不错！你去跟刘经理沟通一下。

李晓光： 好的。

练习一

1 根据对话内容，回答下面的问题。

1. 天红公司为什么这么快就有了促销方案？
2. 王经理觉得天红公司的促销方案怎么样？
3. 李晓光认为在天红公司的促销方案中，什么是提高销量的关键？
4. 李晓光有什么建议？
5. 你觉得天红公司会接受李晓光的建议吗？为什么？

2 两人一组读对话，根据对话内容完成表格，并简单介绍天红公司的促销方案以及爱家公司对这份方案的看法。

天红公司的促销方案	先________，然后____________，以此______销量
王经理的意见	总体上看，这样的促销活动______，所以________
李晓光的意见	因为______，所以能不能提高销量关键看______，只有______才______。这样一来，________

3 在对话中找出下列重点句，并大声朗读。

1. 看来天红公司对这次合作很重视。
2. 态度的确很积极，就是促销方案没有什么新意。
3. 这样的促销活动天天都有，消费者还会觉得有吸引力吗？
4. 因为折扣不变，所以能不能提高销量关键看礼品，只有贵重的礼品才有吸引力。
5. 只要买了产品就能抽奖，现场的顾客如果想试试自己的运气，说不定就买了。

4 用本课学到的表达方式完成下面的对话。

1. A：天红公司又来电话了，问我们什么时候去大连。
   B：____________________。
   A：您还没有考虑好吗？
   B：他们的____________，就是公司规模有点儿小。
2. A：王经理，这已经是天红公司的第五份促销方案了。
   B：____________________。
   A：的确是，这样的促销活动到处都是，____________。

3. A：赵总，您对这份促销方案有什么看法？

B：____________________________________？

A：您能不能具体说一说？

B：先__________________，然后____________________________________，这样的方案一点儿新意都没有。

4. A：王经理，您为什么说送出的礼品很重要呢？

B：____________________________________。

A：嗯，这样的话，我们的成本高了，利润就低了。

5. A：既然最后都要把礼品送出去，你为什么还搞个抽奖？直接送多好。

B：这样才能刺激消费欲望，____________________________________。

A：这样也好。我们的礼品虽然不贵重，但是品种多，可以把不同品种的礼品________________，顾客可能抽到______________，也可能抽到________，就看运气了。

5 朗读短文，根据提示复述短文。

1. 读一读。

天红公司对这次合作很重视，很快就把促销方案设计出来了。王经理迅速浏览了一遍，认为这是一份没有什么新意的促销方案。先用降价招揽顾客，然后用包装精美的礼品刺激顾客的消费欲望，最终达到提高销量的目的。我觉得如果采用这个方案，只有贵重的礼品才有吸引力，但是这样会增加营销成本。我建议把不同品种的礼品分成三个等级，顾客消费后就可以抽奖。现场顾客有了试试运气的冲动，很可能就消费了。

2. 练一练。

天红公司对……很重视，……就把……设计出来了。王经理迅速……，认为……。先用……招揽……，然后用……刺激……，最终……。我觉得如果采用……，只有……才……，但是这样会增加……。我建议把……分成……，顾客……。现场顾客有了……的冲动，很可能……。

6 小调查。

"买了就送"和"买后抽奖"都是很常见的促销活动。调查一下身边的朋友，请他们说一说自己更愿意参加哪种促销活动，并了解他们的理由。请根据调查结果谈谈哪种促销活动更有可能提高销量。

词语二 9-3

1	版权	bǎnquán	copyright
2	付费	fù fèi	pay
3	针对	zhēnduì	be aimed at
4	需求	xūqiú	requirement; need
5	连接	liánjiē	connect
6	自然	zìrán	naturally
7	歌手	gēshǒu	singer
8	划算	huásuàn	worthwhile; profitable
9	一次性	yícìxìng	lump-sum; one-time
10	后续	hòuxù	follow-up; succeeding
11	收听	shōutīng	listen to
12	反馈	fǎnkuì	feedback

对话二

9-4

销售部李晓光来找王海运经理，向他介绍自己的促销方案。

李晓光：王经理，我想到一个新的促销方案，想跟您汇报一下。

王海运：好啊，坐下来说。

李晓光：我们的目标客户是年轻人，他们用智能音箱主要是听音乐，但是现在版权管理很严格，很多音乐都要付费才能听。这样一来，买音箱要花钱，听音乐还要花钱。消费压力这么大，买的人就少了。

王海运：你想针对年轻人的消费需求来调整促销策略。

李晓光：是的。我们买版权，建立音乐平台，然后与智能音箱连接。只要买了智能音箱就可以免费听音乐，消费压力小了，买的人自然就多了。

王海运：听起来很有道理。不过，市场上的音乐这么多，每个人的喜好又不一样，我们不可能把所有音乐的版权都买下来。

李晓光：您说得对，我们得先做一个调查，了解年轻人喜欢什么样的音乐，喜欢哪些歌手。先把这部分音乐的版权买下来，应该会很有吸引力。

王海运：嗯，如果我是消费者，我肯定选免费音乐，这可比精美礼品划算多了。

李晓光： 对，礼品是一次性的，平台却是发展的，免费音乐会越来越多。

王海运： 这样的话，后续工作还得你负责啊。

李晓光： 您放心，我会根据顾客的收听情况和反馈意见对音乐平台进行调整，吸引更多的年轻人。

王海运： 那就加油吧，我支持你！

李晓光： 谢谢王经理！

练习二

1 根据对话内容，回答下面的问题。

1. 李晓光找王经理有什么事？
2. 李晓光认为智能音箱销量少的原因是什么？
3. 李晓光想怎样吸引年轻人买智能音箱？
4. 李晓光想建立一个什么样的音乐平台？
5. 王经理对新促销方案的态度如何？

2 两人一组读对话，根据对话内容完成表格，并简单介绍李晓光的工作情况。

智能音箱需要促销	版权________，很多音乐________，________要花钱，________还要花钱，消费压力________，所以买的人少
设计促销方案	针对________来调整________。先做个调查，了解________，搞清楚________，然后购买________，建立________，与________连接。顾客只要________就________，以此吸引更多的________
王经理的意见	“买音箱，免费听音乐”听起来________，如果他是________，肯定选________，它比________更________，所以他________

3 在对话中找出下列重点句，并大声朗读。

1. 我们的目标客户是年轻人，他们用智能音箱主要是听音乐。
2. 你想针对年轻人的消费需求来调整促销策略。
3. 我们得先做一个调查，了解年轻人喜欢什么样的音乐，喜欢哪些歌手。
4. 如果我是消费者，我肯定选免费音乐，这可比精美礼品划算多了。
5. 我会根据顾客的收听情况和反馈意见对音乐平台进行调整。

4 用本课学到的表达方式完成下面的对话。

1. A：目标客户是哪一类人？他们主要用产品做什么？你了解清楚了吗？
   B：了解清楚了，________________________________。
   A：这么说，你知道怎么调整方案了？
   B：是的，________________________________。
2. A：小李，你的促销方法太一般了。
   B：那应该怎么调整呢？
   A：________________，说不定就有新意了。

3. A：小李，我们需要购买哪些音乐的版权？

B：________________________，这样才能买对版权。

A：这个方案一定能提高销量吗？

B：我觉得消费压力小了，__________。

4. A：小李，让你选的话，你选哪个？

B：________________________。

A：你的意见能代表大部分年轻人吗？

B：当然！礼品是________，平台却是________，免费音乐________。这么一比，应该没人会选礼品吧。

5. A：如果采用你的促销方案，后续工作一定要做好啊。

B：您放心，________________________。

A：到时候销量上去了，利润多了，你就可以多买一些音乐版权。

B：我一定做好这个平台，吸引____________。

5 朗读短文，根据提示复述短文。

1. 读一读。

年轻人使用智能音箱主要是听音乐，但是版权管理严格，很多音乐都要付费才能听。针对年轻人的消费需求，我希望公司购买版权，建立音乐平台，连接到智能音箱。消费者只要买了音箱就可以免费听音乐。得到经理的肯定后，我要先做个调查，了解年轻人喜欢的音乐类型，搞清楚目前受欢迎的歌手，并买下这部分音乐的版权。后续工作中，我还要根据顾客的收听情况和反馈意见对音乐平台进行调整，吸引更多的年轻人来买智能音箱。

2. 练一练。

年轻人使用……主要是……，但是版权……，很多音乐……。针对……，我希望公司……，……，连接到……。消费者只要……就……。得到……后，我要先做个调查，了解……，搞清楚……，并买下……。后续工作中，我还要根据……对……进行……，吸引……来……。

6 小调查。

目前网络上有很多音乐平台，有的免费，有的需要付费。调查一下身边的朋友：他们常用哪个平台听音乐？是否需要付费？平台怎么收费？平台上的音乐是否经常更新？请根据调查结果向全班推荐一个值得使用的音乐平台。

小组实践活动

1 ABC公司新推出一款运动鞋，为了推销这款新鞋，公司设计了一份促销方案。首先，顾客买鞋可以优惠10%；其次，老顾客累计带五位新顾客到店买鞋，送老顾客一张会员卡，以后买鞋都可以优惠30%；最后，老顾客累计带十位新顾客到店买鞋，直接送老顾客一双新鞋。这份促销方案怎么样？还可以怎样调整？你有什么好的建议？三到四人一组，自由讨论，然后请一个同学向全班做报告。

2 秋光眼镜公司推出了一款太阳镜，颜色多样，造型可爱，目标客户是时尚、爱玩的年轻人。请为这款太阳镜设计一份促销方案。三到四人一组，自由讨论，然后请一个同学向全班做报告。

工作小贴士

公司在开展促销活动以前，一般会要求销售部设计好促销方案。在设计促销方案时，需要按照以下几个主要步骤进行：

第一，确定目标市场。根据产品特点确定目标消费者。这个群体的消费水平和消费习惯等构成了目标市场的特点，只有加强了解才能设计出好的促销方案。

第二，确定促销目标。促销目标可以是提高销量，提高产品知名度，打入新市场，开拓潜在客户……不管促销目标是什么，都要尽快确定，只有这样才能选择最合适的促销方式。

第三，确定促销方式。促销就是要让消费者享受到优惠，从而刺激他们的消费欲望，最终提高产品的销量。因此，选择目标消费者最欢迎、最期待的促销方式是促销方案的关键。一般来说，降价、抽奖、返现、送礼和满减都是较为常见的促销方式。

第四，发布促销信息。促销活动开始之前，要让尽可能多的人获得促销信息，提高活动的参与人数。现在常用的发布信息的方式包括电视广告、宣传单、手机短信、电话通知、张贴海报等。

第五，核算促销费用。不管是降价、抽奖、返现、送礼还是满减，公司都需要做好充足的资金准备，支持促销活动。另外，促销活动中，人工费、场地费、材料费、服务费等都要提前计划好，并根据实际情况进行调整。

第六，确定最终方案。把前面五项内容落实到具体的文字方案中，同时制订详细的执行计划和意外事故处理预案，保证促销活动顺利进行。

学习总结

我学会了一些很重要的词语。

我学会了一些很有用的句子。

我还有一些内容没有掌握。

我打算这样巩固没有掌握的内容。

第 10 课

出差

工作热身

爱家公司的产品已经成功打入大连市场。为了解具体的销售情况，销售部经理王海运和李晓光要到大连出差。你认为他们到了大连会做些什么？请你想一想，说一说：

1. 他们会去销售现场做什么？
2. 他们会去天红公司做什么？
3. 休息的时候，他们可能会做什么？

词语一 10-1

1	维护	wéihù	keep; maintain
2	秩序	zhìxù	order
3	围	wéi	besiege; encircle
4	万一	wànyī	just in case
5	意外	yìwài	accident; mishap
6	后果	hòuguǒ	consequence
7	不堪设想	bùkān-shèxiǎng	dare not imagine
8	发现	fāxiàn	discover; find
9	小伙子	xiǎohuǒzi	lad
10	轮	lún	take turns
11	抢手	qiǎngshǒu	in great demand
12	正确率	zhèngquèlǜ	accuracy
13	强大	qiángdà	strong; powerful
14	热水器	rèshuǐqì	water heater; geyser
15	加热	jiārè	heat
16	缺点	quēdiǎn	shortcoming; weakness

对话一 10-2

到了大连以后，爱家公司销售部李晓光陪经理王海运一起到商场考察，参观促销活动，了解顾客的反馈意见。

李晓光：王经理，您看，这里正在举办智能音箱的促销活动。

王海运：看起来规模很大啊！

李晓光：嗯，现场的顾客得有好几百人。

王海运：这么大的活动，应该多安排几个人维护现场秩序。你看，抽奖的地方围了那么多人，万一有个意外，后果不堪设想。

李晓光：您说得对，我现在就请刘经理去安排。

王海运：你别着急，发现什么问题，先记下来。

李晓光：好的。

王海运：小李，看见前边那个小伙子了吗？他刚买了音箱，咱们过去跟他聊聊。

王海运：小伙子，今天专门过来买智能音箱吗？

顾　客：是啊，我关注它很久了，但是一直没舍得买。前两天听朋友说这里有促销活动，我一大早就来了。没想到人这么多，排了这么长的队，等了半天才轮到我。

李晓光：它有那么抢手吗？

顾　客：当然！这款智能音箱技术先进，语音识别正确率高，而且功能强大。除了听音乐以外，还可以连接家用电器，对它们进行管理。比如，你想洗澡的时候，可以对它说"家家，打开热水器，温度40度"，热水器就自动加热了。

李晓光： 这么厉害啊！那它没有一点儿缺点吗？

顾　客： 缺点？嗯……我觉得它应该连接到智能手机上，这样我在路上就可以给它发语音，让它提前打开热水器，我回到家就可以洗澡了。

王海运： 你这个想法很不错啊！

顾　客： 对了，还有一个缺点就是太贵了。要是不促销，我还真买不起。

李晓光： 哈哈！你现在已经买到了，快去抽奖吧！

练习一

1 根据对话内容，回答下面的问题。

1. 王经理和李晓光现在在哪里？
2. 现场为什么来了很多顾客？
3. 王经理觉得活动现场有什么问题？
4. 他们为什么要跟买了音箱的顾客聊天儿？
5. 这位顾客认为这款智能音箱有哪些缺点？

2 两人一组读对话，根据对话内容连线，并简单介绍王海运和李晓光现场考察的收获。

智能音箱的吸引力 •	• 抽奖的地方围了很多人，万一有个意外，后果不堪设想
智能音箱的缺点 •	• 定价太高了，如果不促销，很多消费者买不起
促销活动现场的问题 •	• 没有人专门负责维护现场秩序，天红公司安排不到位
	• 智能音箱技术先进，语音识别正确率高
	• 不能连接智能手机，无法在到家之前管理家用电器
	• 智能音箱功能强大，不仅可以听音乐，还可以连接家用电器，对它们进行管理

3 在对话中找出下列重点句，并大声朗读。

1. 这么大的活动，应该多安排几个人维护现场秩序。
2. 万一有个意外，后果不堪设想。
3. 你别着急，发现什么问题，先记下来。
4. 小伙子，今天专门过来买智能音箱吗？
5. 这款智能音箱技术先进，语音识别正确率高，而且功能强大。

4 用本课学到的表达方式完成下面的对话。

1. A：小李，你觉得活动当天现场可能有多少顾客？

   B：____。

   A：赵总，您对这次活动有什么建议？

   B：____。

2. A：王经理，我带您到活动现场看一看。

B：抽奖的地方怎么围了那么多人？________________________________。

A：您别着急，我现在就安排人去________________。

3. A：这次出差没有告诉代理商，我们就是为了实地考察，发现问题。

B：看，说什么就来什么。现场没人维护秩序，我得让刘经理过来。

A：________________________________。

4. A：________________________________？

B：是啊，这款智能音箱特别抢手，我一大早就来了。

A：现在买到了吗？

B：刚买到，人太多，队太长，________________。

5. A：您能不能简单介绍一下贵公司的产品？

B：好，________________________________。

A：这款产品在市场上一定很抢手吧？

B：当然！你知道吗？除了________以外，它还能________，对________进行管理。

5 朗读短文，根据提示复述短文。

1. 读一读。

我和王经理去促销活动现场考察，发现现场没有人负责维护秩序，万一出个意外，后果不堪设想。现场有个小伙子刚买了智能音箱，我和王经理跟他一起聊了聊。他关注智能音箱很久了，认为这款音箱技术先进，语音识别正确率高，而且功能强大。不仅可以听音乐，还可以连接家用电器，对它们进行管理。不过，他也谈到了这款音箱的两个缺点，一个是价格太高，另一个是不能连接智能手机，无法在回家的路上管理家用电器。

2. 练一练。

我和王经理去……考察，发现……，万一……，后果……。现场有个小伙子刚买了……，我和王经理跟他一起……。他关注……，认为这款音箱……，……，而且……。不仅可以……，还可以……，对……进行……。不过，他也谈到了这款音箱的……，一个是……，另一个是……，无法在回家的路上……。

6 小调查。

日常生活中，各大卖场经常举行促销活动。调查一下身边的朋友，请他们介绍一下自己印象最深的促销活动以及活动中的问题，如价格高、秩序乱、质量差、礼品少等。请根据调查结果总结一下目前促销活动中最常见的问题，并针对这些问题提出自己的建议。

词语二 10-3

1	反映	fǎnyìng	report; inform
2	挑	tiāo	choose; select
3	全	quán	entire; whole
4	参加	cānjiā	participate in
5	火爆	huǒbào	prosperous
6	围观	wéiguān	look on
7	缺少	quēshǎo	lack; be short of
8	安保	ānbǎo	security
9	危险	wēixiǎn	dangerous
10	结束	jiéshù	end; close
11	下降	xiàjiàng	go down; reduce
12	赔本	péiběn	get less than the capital invested

对话二 10-4

爱家公司销售部经理王海运和李晓光来到天红公司，向刘经理反映考察中发现的问题。

刘连发：王经理、晓光，快请坐！

王海运：刘经理，你们最近搞促销活动辛苦了！

刘连发：这都是我们应该做的。说到促销活动，用不用我带你们去现场看看？

王海运：不用了，我们就是从永信商场过来的。

刘连发：你们很会挑啊！那里的活动规模是全市最大的，每天都有五六百人参加活动。

王海运：活动现场的确非常火爆，围观的顾客差不多有一千人。不过，我们也发现了两个问题。小李，你跟刘经理汇报一下。

李晓光：好的。刘经理，促销活动吸引了大量顾客，但是现场缺少专业的安保人员，活动秩序不太好。这很危险，万一出了意外，后果不堪设想。

刘连发：是，这的确是我们考虑不周。你们放心，我一会儿就联系安保公司。

李晓光：另外，我们也跟现场的顾客聊了聊，有人反映产品定价太高。

刘连发： 现在智能音箱的市场情况是这样的，进口的价格很高，国内知名品牌的价格也不低，只有那些智能水平一般的音箱价格便宜。我们这个音箱的价格只比那些智能水平一般的价格高一点儿。消费者看价格总是跟低的比，不会跟高的比，所以就觉得咱们这款产品贵了。

李晓光： 您说的有道理，不过，我看了一下，跟底价相比，你们加价的部分确实有点儿高。

王海运： 刘经理，如果定价太高，活动结束以后，销量会下降得很厉害。现在这个促销价格已经加价了，消费者也能接受，能不能……

刘连发： 王经理，如果一直是这个价格，我们可就赔本了。

王海运： 要不咱们开个会，讨论一下，确定一个既不赔本又能保证销量的价格。

刘连发： 行，我来安排。

练习二

1 根据对话内容，回答下面的问题。

1. 他们现在可能在哪里谈话？
2. 为什么刘经理说“你们很会挑啊”？
3. 刘经理对什么事情考虑不周？
4. 为什么活动结束后不能继续以促销价格销售？
5. 他们要开会讨论什么问题？

2 两人一组读对话，根据对话内容完成表格，并简单介绍促销活动中的问题以及刘经理的解决方案。

问题	原因	解决方案
现场秩序很乱	现场缺少________，没有人负责________	联系________，安排人手
产品定价太高	1. 刘经理认为消费者看价格________，不会________，所以________ 2. 跟________相比，____________	销售部开会________________，定一个既________又________的价格

3 在对话中找出下列重点句，并大声朗读。

1. 那里的活动规模是全市最大的，每天都有五六百人参加活动。
2. 活动现场的确非常火爆，围观的顾客差不多有一千人。
3. 消费者看价格总是跟低的比，不会跟高的比，所以就觉得咱们这款产品贵了。
4. 如果定价太高，活动结束以后，销量会下降得很厉害。
5. 如果一直是这个价格，我们可就赔本了。

4 用本课学到的表达方式完成下面的对话。

1. A：小李，你去促销现场看了吗？
   B：看了，________________________________。
   A：你真会挑啊！________________________________。
2. A：怎么样？卖场的客流量很大吧？
   B：是的，________________________________。
   A：这可是全市规模最大的促销活动。
   B：但是我发现一个问题，________________，活动秩序不太好。

3. A：刘经理，为什么消费者总是反映定价高呢？

B：____。

A：跟底价相比，____________________。

B：虽然加价了，但还是比进口品牌便宜不少啊。

4. A：____。

B：您希望我们调整一下价格？

A：对，我建议你们一直用这个促销价格。

B：不行，如果____________________，我们____________________。

5. A：这次出差主要是考察一下智能音箱的市场价格。

B：现在智能音箱的市场情况是这样的，____。

A：我认为我们的音箱比一般品牌的价格高一点儿就好，每台1800元怎么样？

B：促销时可以，但____。

5 朗读短文，根据提示复述短文。

1. 读一读。

我和王经理在商场考察完以后，去天红公司反映了情况。针对现场缺少安保人员、活动秩序不好的问题，刘经理同意多安排一些人手。针对顾客反映的产品定价高的问题，刘经理解释现在进口品牌和国内知名品牌的产品价格都很高，只有智能水平一般的产品价格便宜。消费者看价格总是跟低的比，不会跟高的比，所以不管定价是多少，只要有便宜的产品，他们就会觉得我们的产品贵。不过，刘经理同意开会讨论定价问题，希望可以定一个既不赔本又能保证销量的价格。

2. 练一练。

我和王经理在……以后，去天红公司……。针对现场……问题，刘经理同意……。针对顾客反映的……问题，刘经理解释现在……和……的产品价格都很高，只有……价格便宜。消费者看价格总是跟……比，不会跟……比，所以不管……，只要有……，他们就会……。不过，刘经理同意……，希望可以定一个既……又……的价格。

6 小调查。

市场上有很多不同品牌的智能音箱，有的贵，有的便宜。请浏览相关网站，调查几个常见品牌音箱的市场价格，并了解一下它们的优点和缺点，然后根据调查结果向全班推荐一款值得购买的智能音箱。

小组实践活动

1 爱家公司销售部经理王海运要到大连出差。这次出差安排了三天时间，主要工作包括考察卖场的销售情况，收集消费者对产品的反馈意见，与三家代理商的销售代表会谈，了解销售中的困难，到天红公司参加促销方案协调会。如果有时间，王经理希望能参观一下当地的名胜古迹。如何安排这次出差日程？三到四人一组，自由讨论，然后请一个同学向全班介绍你们的日程表，并说明这样安排的理由。

2 产品打入新市场以后，爱家公司想调查当地消费者对产品的总体看法以及对质量、价格、包装、造型和使用效果的意见。请设计一份调查方案，包括调查方式、调查内容、调查数量等。三到四人一组，自由讨论，然后请一个同学向全班介绍你们的方案，并说明理由。

工作小贴士

商务出差越来越常见，很多公司职员变成了“空中飞人”，今天在北京，明天在东京，所以出差前的准备工作十分重要。

如果出差一到两天，而且入住三星级及以上的酒店，那么只需要带工作所需的资料；如果入住三星级以下的酒店，那么除了工作资料以外，最好再带一些洗漱用品和拖鞋。

如果出差三到十五天，那么除了要考虑酒店的条件，还要再带一些换洗的衣物。另外，还可以带一些书、杂志、报纸等可以打发时间的东西。在出发之前，先做好工作计划，然后可以顺便了解一下目的地的自然、人文风光。比如，北京有长城、故宫，南京有中山陵、夫子庙。完成工作之后利用空闲时间去放松放松。此外，钱一定要带够，不要带太多现金，最好使用银行卡或手机支付，这样比较安全。

如果出差半个月以上，出发前最好和家人一起吃一顿晚餐。出门这么久，他们一定会想念你的。

最后，千万别忘了带工作文件！因为你是去出差的，不是去旅游的。

学习总结

➘ 我学会了一些很重要的词语。

➘ 我学会了一些很有用的句子。

➘ 我还有一些内容没有掌握。

➘ 我打算这样巩固没有掌握的内容。

第 11 课

参展

工作热身

国际电子产品展览会将在北京举行，爱家公司准备参展。如果你是销售部经理，接到任务后你会考虑些什么？请你想一想，说一说：

1. 参加这次展览会的主要目的是什么？
2. 如何布置展台才能更有吸引力？
3. 需要为这次参展准备什么？

词语一 11-1

1	布置	bùzhì	fix up; decorate
2	展台	zhǎntái	display counter
3	背板	bèibǎn	background
4	液晶显示屏	yèjīng xiǎnshìpíng	liquid crystal display (LCD)
5	播放	bōfàng	play
6	宣传	xuānchuán	publicize
7	视频	shìpín	video
8	安装	ānzhuāng	set up; install
9	展柜	zhǎnguì	exhibition cabinet
10	摆放	bǎifàng	arrange
11	体验	tǐyàn	experience
12	效果	xiàoguǒ	effect; result
13	彩页	cǎiyè	color page
14	目录	mùlù	catalog
15	展览会	zhǎnlǎnhuì	exhibition
16	开幕	kāimù	(of a meeting, an exhibition, etc) begin; open
17	催	cuī	press; hurry
18	机器人	jīqìrén	robot
19	主办方	zhǔbànfāng	sponsor

对话一 11-2

爱家公司销售部李晓光正在布置展台，总经理赵金利来现场查看工作情况。

赵金利：小李，展台布置得怎么样了？

李晓光：差不多了。您看，背板是一块液晶显示屏，可以播放公司的宣传视频；左边安装了一组展柜，可以摆放各种产品；右边是体验区，客户可以现场体验智能音箱的使用效果。

赵金利：嗯，总体上看，布置得很不错。不过，前边有点儿空。

李晓光：那儿要放一个架子，上面放公司的宣传彩页和产品目录，不过工人还没送过来。

赵金利：展览会明天就要开幕了，你得催一催啊。

李晓光：好的，我马上就跟他们联系。

赵金利：咱们站的地方应该是展台中心吧，这里什么都没有吗？

李晓光：这里会摆放公司最新推出的智能机器人，它负责介绍展柜上的产品。

赵金利：好的。另外，别忘了安排人在现场维护活动秩序。

李晓光：您放心，已经安排好了。

赵金利：行，你忙吧，我去找王经理问问情况。

李晓光：赵总，王经理去跟主办方开会了。

赵金利：哦，等他回来，让他给我回个电话。

李晓光：好的。

练习一

1 根据对话内容，回答下面的问题。

1. 赵总觉得展台布置得怎么样？
2. 展台前边为什么有点儿空？
3. 展台中心会摆放什么？
4. 李晓光让赵总对什么事放心？
5. 王经理在做什么？

2 两人一组读对话，根据对话内容填图，并简单介绍展台的布置情况。

3 在对话中找出下列重点句，并大声朗读。

1. 背板是一块液晶显示屏，可以播放公司的宣传视频。
2. 右边是体验区，客户可以现场体验智能音箱的使用效果。
3. 那儿要放一个架子，上面放公司的宣传彩页和产品目录。
4. 展览会明天就要开幕了，你得催一催啊。
5. 王经理去跟主办方开会了。

4 用本课学到的表达方式完成下面的对话。

1. A：小李，展台背板是怎么设计的？
   B：________________________________。
   A：左边安装的这些展柜有什么用？
   B：这些展柜上________________，客户可以详细了解自己感兴趣的产品。

2. A：你们安排体验区了吗？

   B：安排了，____。

   A：很好，只有亲身体验才会让他们有消费冲动。

3. A：展台前边是怎么设计的？

   B：____。

   A：有没有人专门负责介绍呢？

   B：有，不过不是真人，而是____________________。

4. A：小李，____。

   B：我已经跟工人联系了，他们正在来的路上。

5. A：小李，王经理在现场吗？

   B：不在，____________________。

   A：好，请你告诉他，____________________。

   B：我们已经跟安保公司联系好了，他们会多安排一些人。

5 朗读短文，根据提示复述短文。

1. 读一读。

展览会明天就要开幕了，销售部正在布置展台，赵总来到现场查看情况。展台的背板是一块液晶显示屏，左边是一组展柜，右边是体验区，中间是一个智能机器人。总体上看，展台布置得很不错。不过，展台前边的架子还没有送到，赵总让我去催一催。另外，他建议多安排一些人负责维护现场秩序。回公司前，赵总想跟王经理谈谈，可是王经理去跟主办方开会了，他们只能电话联系了。

2. 练一练。

展览会……就要……了，销售部正在……，赵总来到现场……。展台的背板是……，左边是……，右边是……，中间是……。总体上看，……。不过，展台前边的架子……，赵总让我去……。另外，他建议……。回公司前，赵总想跟……谈谈，可是……去……，他们只能……了。

6 情景模拟。

展览会主办方设计了一个中心展台，参展公司都可以申请使用。王经理与主办方协调好中心展台的使用问题后给赵总打电话汇报具体情况，包括使用时间、费用、到场人数和展台布置等，赵总反馈自己的意见，并与王经理讨论展示哪些产品。两人一组，一人扮演赵总，一人扮演王经理，自由讨论，设计对话，然后向全班展示你们的对话。

词语二 11-3

1	研发	yánfā	research and develop
2	成果	chéngguǒ	achievement
3	交流	jiāoliú	communicate
4	导购	dǎogòu	shopping guide
5	程序	chéngxù	procedure
6	存储	cúnchǔ	store; save
7	名片	míngpiàn	business card; name card
8	邀请函	yāoqǐnghán	invitation letter
9	特意	tèyì	specially
10	火情	huǒqíng	state of a fire
11	报警	bàojǐng	give an alarm
12	烟雾探测器	yānwù tàncèqì	smoke sensor

对话二 11-4

爱家公司的展台吸引了不少客户，销售部李晓光正在接待前来参观的客户。

李晓光：欢迎参观爱家公司展台！

女客户：你好！我是被这个机器人吸引进来的。

李晓光：这款智能机器人是我们公司近三年来的研发成果，它的语音识别正确率很高，能够与人进行日常交流。

女客户：如果把它放在商场门口，可以做智能导购吗？

李晓光：应该没问题，只要技术团队调整一下电脑程序，把您需要的语言信息存储进去就可以了。

女客户：听起来很不错。你有产品介绍吗？我想带回去给我们的管理团队看看。

李晓光：这是我们公司的产品目录，里面有具体的介绍和报价。这是我的名片，也请您收下，有什么需要可以跟我联系。

女客户：好的，谢谢！

男客户：小伙子，这里是爱家公司的展台吧？我之前收到了你们公司的邀请函，今天来看一看智能音箱。

李晓光：感谢您特意过来参观。您看，这就是我们最新款的智能音箱。它功能强大，除了播放音乐以外，还可以管理家用电器，陪人聊天儿。您可以体验一下。

男客户：真厉害啊！不过，我们是一家高级酒店，除了这些功能以外，我们还希望房间里有火情时，智能音箱能够自动报警。

李晓光：我们可以把您的需求反映给技术团队，让他们在音箱上安装烟雾探测器，这样有了火情就可以自动报警了。

男客户：那太好了！如果能做到这一点，我们肯定下订单。

李晓光：您方便给我一张您的名片吗？我以后可以跟您联系。

男客户：好的，这是我的名片，希望早日收到你的好消息。

练习二

1 根据对话内容，回答下面的问题。

1. 女客户为什么来参观爱家公司展台？
2. 女客户需要李晓光提供什么材料？
3. 男客户为什么来参观爱家公司展台？
4. 男客户希望智能音箱有什么功能？
5. 爱家公司能满足这两位客户的需求吗？

2 两人一组读对话，根据对话内容连线，并简单介绍客户的需求和李晓光的回答。

客户	需求	回答
女客户 •	• 收到邀请函，特意来看看智能音箱	• 安装烟雾探测器
男客户 •	• 想把机器人放在商场门口做智能导购 •	• 调整电脑程序，存储需要的语言信息
	• 被智能机器人吸引，走进展台了解情况	
	• 希望智能音箱在发现火情时能自动报警 •	

3 在对话中找出下列重点句，并大声朗读。

1. 这款智能机器人是我们公司近三年来的研发成果。
2. 只要技术团队调整一下电脑程序，把您需要的语言信息存储进去就可以了。
3. 这是我们公司的产品目录，里面有具体的介绍和报价。
4. 您看，这就是我们最新款的智能音箱。
5. 我们可以把您的需求反映给技术团队。

4 用本课学到的表达方式完成下面的对话。

1. A：这款智能机器人看起来很不错。

   B：您真会挑！________________________________。

   A：如果我跟它说话，它能跟我交流吗？

   B：当然。它的语音识别正确率很高，________________。

2. A：这款智能机器人能做酒店服务员吗？
   B：没问题，______________________________。
   A：我觉得不错，不过，我得回去跟经理汇报一下。
   B：好的，______________________________，请您收下。
3. A：如果可以自动报警，_______________。
   B：好的，您方便留一张名片吗？
   A：没问题，这是_______________。如果有好消息，_______________。
4. A：______________________________。
   B：我刚才体验过了，它跟我交流一点儿问题都没有。
   A：是的，这款新产品技术先进，功能强大。
   B：你们有没有________？我想带回去_______________。
5. A：机器人的造型能不能时尚一点儿？
   B：您放心，_______________。
   A：它说话时能不能多用一些我们年轻人常用的词语？
   B：应该没问题，只要______________________________。

5 朗读短文，根据提示复述短文。

1. 读一读。

爱家公司的展台前围了很多人。一位女客户是被机器人吸引进来的，她想让机器人在商场门口做智能导购。这不难，只要技术团队调整一下电脑程序，把需要的语言信息存储进去就行。一位男客户拿着邀请函特意来看智能音箱，他希望智能音箱除了播放音乐、管理家用电器和陪人聊天儿以外，还能在发现火情时自动报警。这是一个不错的建议，我会反映给技术团队，让他们增加烟雾探测功能。这一天我发出了很多名片，也收到了很多名片，这些都是展览会带给公司的合作机会。

2. 练一练。

爱家公司的展台前……。一位女客户是……进来的，她想让……在……做……。这不难，只要技术团队……，把……存储进去就行。一位男客户拿着……特意来看……，他希望智能音箱除了……以外，还能在……时……。这是一个……，我会……，让他们增加……。这一天我发出了……，也收到了……，这些都是……合作机会。

6 情景模拟。

中心展台的展示活动结束后，李晓光向一位围观的顾客发放公司的宣传彩页。收到彩页的顾客根据自己的需要，积极了解智能音箱的功能。两个人互换名片，以便后续联系。两人一组，一人扮演李晓光，一人扮演收到彩页的顾客，自由讨论，设计对话，然后向全班展示你们的对话。

小组实践活动

1 各大汽车品牌都会积极参加车展，展示最新款的汽车。北京车展、上海车展、东京车展和巴黎车展都是全球知名的车展。你参观过车展吗？你看过车展视频吗？你平时关注哪个品牌的汽车？这个品牌在车展上的展台布置得怎么样？三到四人一组，自由讨论，介绍自己印象深刻的车展展台，然后总结优秀展台的特点，并请一个同学向全班做报告。

2 展览会上，产品的宣传彩页非常重要，它不但可以吸引客户的注意力，而且可以让客户清楚地了解产品的特点和功能。另外，销售代表的名片也很重要，设计时尚的名片能够提高后续联系的可能性。请为爱家公司的智能音箱设计一份宣传彩页，并为李晓光设计一张名片。三到四人一组，自由讨论，然后请一个同学向全班展示你们的设计图，并说明设计理念。

工作小贴士

商品博览会是生产企业展示产品、交流信息、提高产品知名度、开展商品贸易合作的重要途径。一般公司都会积极参展，利用这个机会开拓新市场，吸引新客户。作为公司的销售代表，一定要对商品博览会有所了解。

中国每年都要举办很多不同的商品博览会，有大有小，有国内的，也有国际的。其中，最为知名的是中国进出口商品交易会（广交会），每年春秋两季在广州举办，是中国目前历史最长、层次最高、规模最大、商品种类最全、到会采购商最多且分布国别地区最广、成交效果最好的综合性国际贸易盛会，被誉为“中国第一展”。

公司参加商品博览会，首先要对自己的展台进行设计和布置，既要表现出公司的特色，又要吸引路过的潜在客户。其次，要介绍自己的产品，可以准备宣传彩页、产品目录、报价单和宣传视频等，让前来参观的客户了解并喜欢上自己的产品。最后，要耐心、热情地接待每一位来到展台的客户，并向他们展示、介绍产品，邀请他们亲身体验使用效果。这样才有可能提高产品的知名度，获得大量订单。

学习总结

- 我学会了一些很重要的词语。

- 我学会了一些很有用的句子。

- 我还有一些内容没有掌握。

- 我打算这样巩固没有掌握的内容。

第 12 课

出口

工作热身

爱家公司接到了海外客户的订单。如果你是销售部经理，接到订单后，你会考虑哪些问题？请你想一想，说一说：

1. 如何报价？报价时要考虑什么？
2. 物流方式有哪些？哪种最划算？
3. 是否需要成立专门的出口销售部？为什么？

词语一 12-1

1	海外	hǎiwài	overseas; abroad
2	购买	gòumǎi	buy; purchase
3	出口	chūkǒu	export
4	贸易	màoyì	trade
5	梳理	shūlǐ	organize
6	流程	liúchéng	process
7	资质	zīzhì	credentials
8	证书	zhèngshū	certificate
9	运输	yùnshū	transport
10	按照	ànzhào	according to
11	标准	biāozhǔn	standard
12	货物	huòwù	cargo; goods
13	保险	bǎoxiǎn	insurance
14	报关员	bàoguānyuán	customs agent; declarant
15	海关	hǎiguān	customhouse; customs
16	报关	bàoguān	declare (at customs)
17	轮船	lúnchuán	steamer
18	结汇	jiéhuì	settle a foreign exchange account

对话一 12-2

有海外客户想购买智能音箱，爱家公司销售部开会讨论出口贸易的问题。

王海运：各位同事，展览会结束后，除了国内客户以外，还有海外客户跟我们联系，想要购买智能音箱。今天召集大家开会，就是要讨论一下产品出口的问题。

李晓光：王经理，跟国内销售相比，出口贸易手续多，成本高。我们得调整一下定价才行。

王海运：是的，今天咱们就梳理一下出口贸易的流程，然后核算出一个合适的定价。

李晓光：公司虽然有海外贸易资质，但是一直没有申请出口商品检验证书。要想开拓海外市场，必须先向商检机构申请这个证书。

同事A：没错，有了这个证书才可以接海外订单。有了订单，签了合同，我们就要联系运输公司，按照出口包装标准进行包装。

同事B：另外，出口贸易的货物运输时间长，万一出个意外，后果不堪设想，所以必须办理货物运输保险。

李晓光：除了这些，我们还要请专业的报关员去海关办理报关手续。包装好货物，办理完保险和报关手续，货物上了飞机或轮船以后，我们还要到银行去办理结汇手续。

王海运：这么一说，出口贸易的手续的确很多，咱们的产品得加价20%才行吧？

李晓光： 我觉得不行。您想想，这么多手续肯定需要两三个人专门负责，报关手续还需要请专业公司代理。这样算下来，最少得加价30%。

王海运： 行，小李，你这两天做一个针对海外市场的报价单，然后跟海外客户联系一下，看看他们有什么意见。

李晓光： 王经理，出口贸易的后续工作很多，我一个人肯定忙不过来。

王海运： 那你找两个人，成立一个海外贸易小组，先把这件事做起来。

李晓光： 好。

练习一

1 根据对话内容，回答下面的问题。

1. 为什么爱家公司销售部今天要开会？
2. 为什么做出口贸易要调整定价？
3. 开拓海外市场需要申请什么证书？
4. 为什么要办理货物运输保险？
5. 李晓光可以办理报关手续吗？为什么？

2 两人一组读对话，根据对话内容连线，并简单介绍出口贸易的流程。

步骤	工作内容	办理地点
第一步	办理结汇手续	商检机构
第二步	办理保险手续	运输公司
第三步	按照出口包装标准进行包装	银行
第四步	申请出口商品检验证书	保险公司
第五步	办理报关手续	海关
第六步	货物装上飞机或轮船，发运	

3 在对话中找出下列重点句，并大声朗读。

1. 跟国内销售相比，出口贸易手续多，成本高。
2. 公司虽然有海外贸易资质，但是一直没有申请出口商品检验证书。
3. 有了订单，签了合同，我们就要联系运输公司，按照出口包装标准进行包装。
4. 除了这些，我们还要请专业的报关员去海关办理报关手续。
5. 这么多手续肯定需要两三个人专门负责。

4 用本课学到的表达方式完成下面的对话。

1. A：赵总，您想不想做出口贸易？
   B：不太想，________________________。
   A：海外市场很大，只要产品受欢迎，利润就不会比国内销售的低。
   B：试试也可以，你们梳理一下________________，核算出________________。

2. A：王经理，最近有海外客户跟我联系，想购买咱们的产品。

   B：________________________________。

   A：这个不难，我们可以委托专业公司代理申请。

   B：那成本就高了，产品最少________。

3. A：美国ABC公司下订单了吗？

   B：下了，________________________________。

   A：出口贸易的货物运输时间长，____________________。

   B：您放心，我们已经联系好保险公司了。

4. A：王经理，运输公司已经联系好了。

   B：除了联系运输公司，________________________________。

   A：是的，报关手续已经____________________了。

   B：那就等代理公司的消息吧。

5. A：赵总，我们要不要成立一个海外贸易小组？____________________。

   B：出口贸易的手续的确很多，小李一个人肯定忙不过来。

   A：是的，我给他再找两个人，先____________________。

   B：要找专业人才。

5 朗读短文，根据提示复述短文。

1. 读一读。

展览会结束以后，有海外客户跟爱家公司联系，想购买智能音箱。出口贸易的手续很多，首先要申请出口商品检验证书，有了它才能做出口贸易。拿到证书，有了订单，签了合同，就要联系运输公司按照出口包装标准进行包装。因为货物运输时间长，所以需要办理货物运输保险。另外，报关手续很专业，需要委托代理公司进行报关。等手续都办好了，货物运走了以后，还要到银行办理结汇手续。这些都会增加产品成本，所以销售部要调整价格，做一个针对海外市场的报价单。

2. 练一练。

展览会结束以后，有……跟……联系，想……。出口贸易的……，首先要申请……，有了它才能……。拿到……，有了……，签了……，就要联系……按照……进行……。因为……，所以……。另外，报关手续……，需要委托……进行……。等手续都……了，货物……了以后，还要到……办理……。这些都会……，所以销售部要……，做一个……。

6 情景模拟。

爱家公司要开拓海外市场，需要做一份针对海外市场的报价单。假设你是李晓光，请核算一下智能音箱的定价，并说明这个定价具体包括哪些方面的成本，如货物运费、保险费以及报关的代理费等。

词语二 12-3

1	要求	yāoqiú	requirement
2	增加	zēngjiā	add
3	说明	shuōmíng	instruction
4	审批	shěnpī	examine and approve
5	材料	cáiliào	material
6	估计	gūjì	estimate
7	遇到	yùdào	run into; meet with
8	口岸	kǒu'àn	port
9	发货	fā huò	dispatch goods
10	舱位	cāngwèi	shipping space
11	按时	ànshí	on time
12	约定	yuēdìng	appoint; arrange
13	交货	jiāo huò	deliver goods
14	赶快	gǎnkuài	quickly
15	提前	tíqián	advance
16	记录	jìlù	take notes; record

对话二 12-4

爱家公司接到了第一份海外订单，销售部李晓光正在做出口准备，经理王海运来了解具体情况。

王海运：小李，出口产品准备得怎么样了？

李晓光：您看，这是样品。我们按照客户的要求重新设计了外包装，还增加了英文说明。

王海运：嗯，看起来不错。出口手续都办好了吗？

李晓光：出口商品检验证书已经审批下来了，代理公司也已经把报关材料交给海关了。我估计最晚明天报关手续就办好了。

王海运：这么说，第一次海外贸易进行得很顺利啊！

李晓光：总体上很顺利，但是也遇到了一些问题。

王海运：什么问题？

李晓光：我们本来打算从天津口岸发货，但是运输公司说没有舱位，要想按时发货就得从别的口岸走，最近的是大连口岸。这样一来，我们需要先把货物运到大连，然后再交给运输公司，物流成本一下子增加不少。

王海运：我们跟客户约定的交货时间是什么时候？如果来得及，可以等一等天津口岸的舱位。

李晓光：约定的时间是二十天后，但是货物在海上运输需要半个月。另外，我们的手续还要一两天才能办好。我觉得时间很紧张。

王海运：那就别等了，你赶快联系物流公司，把货物运到大连，从那里发货。

李晓光：好的。

王海运：下次要提前跟运输公司确定好舱位。

李晓光：您放心，我们会把这次工作中的问题都记录下来。

王海运：嗯，你们一定会越做越好的！

练习二

1 根据对话内容，回答下面的问题。

1. 爱家公司对出口产品做了哪些调整？
2. 报关手续最晚什么时候能办完？
3. 为什么不能从天津口岸发货？
4. 为什么说物流成本增加了？
5. 李晓光担心什么？

2 两人一组读对话，根据对话内容填空，并简单介绍李晓光遇到的问题。

______在北京。

他们本来打算从______发货，但是那里______，只能从______发货。

请物流公司，增加______。

最近的是______，可以从那里发货。不过，要先把______运到______，然后再交给______。

3 在对话中找出下列重点句，并大声朗读。

1. 我们按照客户的要求重新设计了外包装，还增加了英文说明。
2. 我估计最晚明天报关手续就办好了。
3. 总体上很顺利，但是也遇到了一些问题。
4. 物流成本一下子增加不少。
5. 你赶快联系物流公司，把货物运到大连，从那里发货。

4 用本课学到的表达方式完成下面的对话。

1. A：这是出口美国的产品吗？
   B：对，______________________________。
   A：______________？
   B：您放心，准备工作已经做完了。
2. A：报关手续还没有办好吗？你催一催代理公司。
   B：已经催过了，______________。
   A：运输公司安排好舱位了吗？
   B：安排好了，但是发货口岸变了。本来打算从天津口岸发货，__________________
   ____________。

3. A：小李，这次出口贸易还顺利吧？

B：____。

A：第一次嘛，关键是从问题中吸取经验。

B：您放心，我们一定会____________________。

4. A：赵总，天津口岸最近没有舱位，只能从大连口岸发货。

B：这样的话，____________________。

A：是的。不过，运输公司可以负担一半物流费。

B：好吧，下次____________________。

5. A：如果有时间，能不能等一等天津口岸的舱位？

B：能等两三天，不过，我觉得____________________。

A：好吧，那____。

B：已经打过电话了，他们正在安排。

5 朗读短文，根据提示复述短文。

1. 读一读。

爱家公司的出口商品检验证书已经审批下来了，代理公司也已经把报关材料交给了海关，出口手续总体上办理得很顺利。不过，他们本来打算从天津口岸发货，但是运输公司说没有舱位，要想按时发货，只能从别的口岸走，最近的是大连口岸。他们要联系物流公司，把货物运到大连，然后再交给运输公司。这样一来，成本一下子增加不少。可是，为了按照约定的时间交货，只能这样做。我会把这次贸易中的问题记录下来，好好学习，争取以后越做越好。

2. 练一练。

爱家公司的……已经……了，代理公司也已经……，出口手续总体上……。不过，他们本来打算……，但是运输公司说……，要想……，只能从……走，最近的……。他们要……，把……运到……，然后……。这样一来，……。可是，为了……，只能……。我会把……记录下来，好好学习，争取以后……。

6 情景模拟。

爱家公司的第一次出口贸易完成了。这次贸易总体上很顺利，但是也遇到了一些小问题。销售部要开会对这次贸易活动进行总结。假设你是李晓光，请汇报一下这次出口贸易的工作情况，包括做得比较好的方面和发现的问题，比如，委托什么样的公司报关，提前多久确定运输舱位，选择哪种运输方式更划算，等等。

小组实践活动

1 中国出口商品的种类很多，包括服装、箱包、食品、家用电器和电子产品等。你们国家进口哪类中国商品最多？三到四人一组，自由讨论，介绍最受你们国家消费者欢迎的中国商品，并分析其中的原因，然后总结中国出口商品的特点，最后请一位同学向全班做报告。

2 中国加入世界贸易组织（WTO）以后，进出口贸易发展迅速，目前中国已经是世界第一大出口国和世界第二大进口国。去年中国的进出口贸易情况怎么样？三到四人一组，浏览中华人民共和国商务部官网，查看去年的中国对外贸易报告，然后根据你们了解的情况，为中国进出口贸易的可持续发展（sustainable development）提出建议，并请一位同学向全班做报告。

中华人民共和国商务部官网

网址：www.mofcom.gov.cn

工作小贴士

随着经济全球化的发展，很多公司为了扩大市场都开展了出口业务。作为公司的销售代表，接到海外客户的订单后，一定要提前协商好货款结算方式。

一般来说，如果签约合同的货款金额较小，我们可以要求对方尽量预付全部货款。如果实在有困难，预付款的金额至少也要达到商品的底价。这样的话，即使对方出现了违约和破产等情况，也能够最大限度地减少损失。

相反，如果签约合同的货款金额较大，我们就要与客户协商好预付货款的比例，剩余的货款最好通过信用证支付，并且要求对方必须在国际信誉较好的大型银行开具信用证，这样可以降低对方无理由拒绝支付剩余货款的风险。

出口贸易不仅能开拓海外市场，而且能提高产品的国际知名度。但是，出口贸易的货物运输时间很长，遇到意外事件的概率较高，运输过程中存在很多不可抗力，如恶劣天气和海盗劫货等。我们需要提前考虑并与海外客户协商好调解机制，明确损失的分担比例，甚至要做好申请仲裁的准备。

此外，公司进行出口贸易需要具有相应的资质，这种资质可以证明公司不仅熟悉出口法规、能办好各种出口手续，而且具备处理国际贸易纠纷的能力。

学习总结

↘ 我学会了一些很重要的词语。

↘ 我学会了一些很有用的句子。

↘ 我还有一些内容没有掌握。

↘ 我打算这样巩固没有掌握的内容。

生词表

A

安保	ānbǎo	security	L10
安排	ānpái	arrange	L5
安全性	ānquánxìng	security	L7
安装	ānzhuāng	set up; install	L11
按时	ànshí	on time	L12
按照	ànzhào	according to	L12

B

摆放	bǎifàng	arrange	L11
版权	bǎnquán	copyright	L9
办理	bànlǐ	handle; deal with	L2
包涵	bāohán	excuse; forgive	L8
包括	bāokuò	include; incorporate	L6
包装	bāozhuāng	packing; wrapping	L9
保险	bǎoxiǎn	insurance	L12
保证	bǎozhèng	ensure; guarantee	L6
报到	bàodào	register; report for duty	L1
报关	bàoguān	declare (at customs)	L12
报关员	bàoguānyuán	customs agent; declarant	L12
报价单	bàojiàdān	(price) quotation	L6
报警	bàojǐng	give an alarm	L11
抱歉	bàoqiàn	be sorry	L5
背板	bèibǎn	background	L11
比例	bǐlì	proportion	L6
变更	biàngēng	change; modify	L3
标准	biāozhǔn	standard	L12
表示	biǎoshì	express	L8
别致	biézhì	novel; unique	L7
播放	bōfàng	play	L11
不堪设想	bùkān-shèxiǎng	dare not imagine	L10
布置	bùzhì	fix up; decorate	L11

C

材料	cáiliào	material	L12
财务部	cáiwùbù	finance department	L2
采用	cǎiyòng	adopt	L7
彩页	cǎiyè	color page	L11
参加	cānjiā	participate in	L10
舱位	cāngwèi	shipping space	L12
操作	cāozuò	operate; handle	L7
策略	cèlüè	tactics; stratagem	L4
产品	chǎnpǐn	product	L1
厂家	chǎngjiā	factory; manufacturer	L3
车间	chējiān	workshop	L7
成本	chéngběn	cost	L6
成果	chéngguǒ	achievement	L11
成立	chénglì	set up; establish	L1
程序	chéngxù	procedure	L11
冲动	chōngdòng	be on an impulse	L9
充分	chōngfèn	abundant; sufficient	L1
抽奖	chōujiǎng	draw for a prize	L9
出口	chūkǒu	export	L12

刺激	cìjī	stimulate	L9
促销	cùxiāo	promote sales	L3
催	cuī	press; hurry	L11
存储	cúnchǔ	store; save	L11

D

打入	dǎrù	get access to	L2
大力	dàlì	energetically; vigorously	L5
大量	dàliàng	many; much	L4
大厦	dàshà	mansion	L2
代表	dàibiǎo	representative	L2
代理商	dàilǐshāng	agent; trade agency	L2
导购	dǎogòu	shopping guide	L11
道理	dàolǐ	reason; sense	L4
登记表	dēngjìbiǎo	registration form	L2
等级	děngjí	grade; rank	L9
的确	díquè	indeed; really	L4
底价	dǐjià	minimum price	L6
电器	diànqì	domestic appliances	L4
电子	diànzǐ	electron	L1
调查	diàochá	inquire into; investigate	L3
订单	dìngdān	purchase order	L8
定价	dìngjià	set a price	L6
独家	dújiā	only one	L3
对口	duìkǒu	be geared to the needs of the job	L1
多亏	duōkuī	owe sth to sb	L8

F

发货	fā huò	dispatch goods	L12
发现	fāxiàn	discover; find	L10
法人	fǎrén	legal person	L3
反馈	fǎnkuì	feedback	L9
反映	fǎnyìng	report; inform	L10
放松	fàngsōng	relax	L2
费	fèi	expenses; charges	L5
分成	fēnchéng	divide by percentage	L6
付费	fù fèi	pay	L9

G

赶快	gǎnkuài	quickly	L12
高铁	gāotiě	high-speed railway	L5
搞	gǎo	make; work out	L3
歌手	gēshǒu	singer	L9
工厂	gōngchǎng	factory	L8
工人	gōngrén	worker	L7
工作证	gōngzuòzhèng	employee's card	L2
功能	gōngnéng	function	L7
恭敬不如从命	gōngjìng bùrú cóngmìng	it is better to obey sb than to decline respectfully	L8
沟通	gōutōng	communicate	L9
购买	gòumǎi	buy; purchase	L12
估计	gūjì	estimate	L12
股东	gǔdōng	shareholder	L3
顾客	gùkè	customer	L9
关键	guānjiàn	key	L9
关照	guānzhào	care and help	L2
关注	guānzhù	follow with interests	L1
官网	guānwǎng	official website	L1
管理	guǎnlǐ	manage	L3
规范	guīfàn	standard; normal	L3
规模	guīmó	scale	L4
贵重	guìzhòng	valuable; precious	L9
过奖	guòjiǎng	overpraise; flatter	L1

H

海关	hǎiguān	customhouse; customs	L12
海外	hǎiwài	overseas; abroad	L12
航班	hángbān	flight	L5
合同	hétóng	contract	L6
核算	hésuàn	examine and calculate	L6
后果	hòuguǒ	consequence	L10
后续	hòuxù	follow-up; succeeding	L9
划算	huásuàn	worthwhile; profitable	L9
汇报	huìbào	report	L5
火爆	huǒbào	prosperous	L10
火情	huǒqíng	state of a fire	L11
伙伴	huǒbàn	partner	L3
货款	huòkuǎn	payment for goods	L3
货物	huòwù	cargo; goods	L12

J

机器人	jīqìrén	robot	L11
积极	jījí	positive	L4
急需	jíxū	urgently need	L1
记录	jìlù	take notes; record	L12
技术部	jìshùbù	technical department	L2
加价	jiā jià	raise the price	L6
加强	jiāqiáng	strengthen; step up	L8
加热	jiārè	heat	L10
检验	jiǎnyàn	check; examine	L7
减轻	jiǎnqīng	ease; lessen	L5
建立	jiànlì	establish	L2
建议	jiànyì	suggestion	L9
将	jiāng	[used in the same way as 把]	L2
降价	jiàngjià	reduce the price	L3
交货	jiāo huò	deliver goods	L12
交流	jiāoliú	communicate	L11
接	jiē	receive	L4
接受	jiēshòu	accept	L5
结汇	jiéhuì	settle a foreign exchange account	L12
结束	jiéshù	end; close	L10
结算	jiésuàn	settle an account	L3
竭尽全力	jiéjìn quánlì	do one's utmost	L6
解释	jiěshì	explain	L5
尽快	jǐnkuài	as soon as possible	L1
进口	jìnkǒu	import	L7
经销	jīngxiāo	sell on commission	L4
经验	jīngyàn	experience	L4
经营	jīngyíng	operate; plan and manage	L2
精美	jīngměi	exquisite	L9
敬	jìng	offer politely	L8
就餐卡	jiùcānkǎ	dining card	L2
举	jǔ	raise; lift	L8
举行	jǔxíng	host	L8
具有	jùyǒu	have; possess	L2
距离	jùlí	distance	L6
决定	juédìng	decide; decision	L5

K

开发	kāifā	develop; tap	L2
开幕	kāimù	(of a meeting, an exbihition, etc) begin; open	L11
开拓	kāituò	open up; explore	L1

开展	kāizhǎn	launch; develop	L8
考察	kǎochá	inspect; make an on-the-spot investigation	L8
考虑	kǎolǜ	consider; think over	L5
客服部	kèfúbù	customer service department	L2
客户	kèhù	customer; client	L1
口岸	kǒu'àn	port	L12
宽敞	kuānchang	spacious; commodious	L7
款	kuǎn	kind; type	L7
款待	kuǎndài	entertain	L8

L

礼品	lǐpǐn	present; gift	L6
力量	lìliàng	ability; power	L2
厉害	lìhai	excellent	L7
利润	lìrùn	profit	L6
例会	lìhuì	regular meeting	L2
连接	liánjiē	connect	L9
良好	liánghǎo	good	L4
另外	lìngwài	in addition; besides	L6
留	liú	stay; remain	L1
流程	liúchéng	process	L12
录用	lùyòng	hire; employ	L1
轮	lún	take turns	L10
轮船	lúnchuán	steamer	L12

M

买入	mǎirù	buy in	L4
冒昧	màomèi	take the liberty (of)	L3
贸易	màoyì	trade	L12
面试官	miànshìguān	interviewer	L1
面谈	miàntán	discuss face to face	L5
名片	míngpiàn	business card; name card	L11
模式	móshì	model; pattern	L6
目标	mùbiāo	target; objective	L4
目录	mùlù	catalog	L11

N

耐心	nàixīn	patience	L8
难得	nándé	hard to get; rare	L8

P

赔本	péiběn	get less than the capital invested	L10
品牌	pǐnpái	brand name	L4
品种	pǐnzhǒng	variety; assortment	L9
普通	pǔtōng	common; ordinary	L4

Q

期待	qīdài	look forward to	L5
其实	qíshí	actually	L7
其中	qízhōng	among them; within	L2
谦虚	qiānxū	modest	L1
签约	qiānyuē	sign a contract	L5
强大	qiángdà	strong; powerful	L10
抢手	qiǎngshǒu	in great demand	L10
渠道	qúdào	channel	L2
全	quán	entire; whole	L10
缺点	quēdiǎn	shortcoming; weakness	L10
缺少	quēshǎo	lack; be short of	L10

确定	quèdìng	define; decide	L8

R

热烈	rèliè	warm; enthusiastic	L8
热水器	rèshuǐqì	water heater; geyser	L10
人事部	rénshìbù	human resources department	L1
人性化	rénxìnghuà	people-oriented	L2
任务	rènwu	assignment; task	L4
日程	rìchéng	schedule; agenda	L8
荣幸	róngxìng	honored	L2
入市	rùshì	enter market	L4
入职	rù zhí	take up a post	L1

S

3D打印	sān D dǎyìn	3D printing	L7
设备	shèbèi	equipment; facilities	L1
设计	shèjì	design	L7
申请	shēnqǐng	apply for	L5
深刻	shēnkè	deep; profound	L1
审批	shěnpī	examine and approve	L12
生产	shēngchǎn	produce	L7
时尚	shíshàng	fashionable	L7
识别	shíbié	identify; recognize	L7
实习	shíxí	work as an intern	L1
视频	shìpín	video	L11
收获	shōuhuò	results; gains	L8
收集	shōují	collect; gather	L1
收入	shōurù	income; earnings	L4
收听	shōutīng	listen to	L9
手续	shǒuxù	procedure; formality	L2
梳理	shūlǐ	organize	L12
说明	shuōmíng	instruction	L12
随时	suíshí	at any time; at all times	L1

T

态度	tàidù	attitude	L4
讨论	tǎolùn	discuss	L5
特点	tèdiǎn	characteristic; feature	L7
特意	tèyì	specially	L11
提供	tígōng	provide	L6
提前	tíqián	advance	L12
体验	tǐyàn	experience	L11
甜品	tiánpǐn	dessert	L2
填	tián	fill out	L2
挑	tiāo	choose; select	L10
调整	tiáozhěng	adjust; regulate	L3
同意	tóngyì	agree (with/to)	L5
统一	tǒngyī	unified	L6
投资	tóuzī	investment	L3
团队	tuánduì	group; team	L1
推出	tuīchū	put out; launch	L7
推广	tuīguǎng	popularize	L4
推进	tuījìn	push on	L8

W

外观	wàiguān	outward appearance	L7
晚宴	wǎnyàn	banquet; dinner (held in the evening)	L8
万一	wànyī	just in case	L10
危险	wēixiǎn	dangerous	L10
围	wéi	besiege; encircle	L10
围观	wéiguān	look on	L10

维护	wéihù	keep; maintain	L10
委托	wěituō	entrust	L3
委托书	wěituōshū	letter of authorization	L5
物流	wùliú	logistics	L6

X

吸引力	xīyǐnlì	(force of) attraction	L6
喜好	xǐhào	like; interest	L7
下降	xiàjiàng	go down; reduce	L10
先进	xiānjìn	advanced; progressive	L7
现场	xiànchǎng	site	L5
消费	xiāofèi	consume	L6
消息	xiāoxi	news	L5
销量	xiāoliàng	sales (volume)	L6
销售	xiāoshòu	sell; market	L1
销售部	xiāoshòubù	marketing department	L2
小伙子	xiǎohuǒzi	lad	L10
笑纳	xiàonà	kindly accept [used when presenting a gift]	L8
效果	xiàoguǒ	effect; result	L11
效率	xiàolǜ	efficiency	L7
协调	xiétiáo	coordinate	L8
心意	xīnyì	regard	L8
辛苦	xīnkǔ	strenuous; laborious	L8
新意	xīnyì	new idea; originality	L9
薪酬	xīnchóu	salary; compensation	L1
信任	xìnrèn	trust	L3
信誉	xìnyù	reputation; credit	L2
需求	xūqiú	requirement; need	L9
宣传	xuānchuán	publicize	L11
选	xuǎn	select; choose	L4
询问	xúnwèn	ask about; enquire	L4
迅速	xùnsù	quick; rapid	L6

Y

压力	yālì	pressure	L5
烟雾探测器	yānwù tàncèqì	smoke sensor	L11
严格	yángé	strict; rigorous	L3
研发	yánfā	research and develop	L11
样品间	yàngpǐnjiān	sample room	L7
邀请	yāoqǐng	invite	L5
邀请函	yāoqǐnghán	invitation letter	L11
要求	yāoqiú	requirement	L12
业绩	yèjì	performance	L3
业务	yèwù	business	L8
液晶显示屏	yèjīng xiǎnshìpíng	liquid crystal display (LCD)	L11
一次性	yícìxìng	lump-sum; one-time	L9
异常	yìcháng	unusual; abnormal	L3
意见	yìjiàn	opinion; suggestion	L8
意外	yìwài	accident; mishap	L10
音箱	yīnxiāng	speaker; sound box	L7
营销	yíngxiāo	marketing	L1
营业执照	yíngyè zhízhào	business permit	L5
优秀	yōuxiù	excellent; outstanding	L4
有备而来	yǒu bèi ér lái	come prepared	L1
语音	yǔyīn	speech sound	L7
遇到	yùdào	run into; meet with	L12
原价	yuánjià	original price	L6

愿意	yuànyì	be willing	L4
约	yuē	make an appointment	L4
约定	yuēdìng	appoint; arrange	L12
运气	yùnqi	fortune; luck	L9
运输	yùnshū	transport	L12

Z

造型	zàoxíng	shape; modeling	L7
增加	zēngjiā	add	L12
赠送	zèngsòng	present as a gift	L8
展柜	zhǎnguì	exhibition cabinet	L11
展览会	zhǎnlǎnhuì	exhibition	L11
展台	zhǎntái	display counter	L11
招待	zhāodài	entertain	L8
招揽	zhāolǎn	solicit (customers)	L9
召集	zhàojí	convene; convoke	L4
折扣	zhékòu	discount	L3
针对	zhēnduì	be aimed at	L9
正确率	zhèngquèlǜ	accuracy	L10
正式	zhèngshì	formal; official	L5
正是	zhèng shì	be exactly	L1
证书	zhèngshū	certificate	L12
支持	zhīchí	support	L6
知名度	zhīmíngdù	popularity	L1
质量	zhìliàng	quality	L7
秩序	zhìxù	order	L10
智能	zhìnéng	intellectual ability	L7
重视	zhòngshì	attach importance to	L9
周边	zhōubiān	neighboring area	L6
周到	zhōudào	considerate; thoughtful	L8
主办方	zhǔbànfāng	sponsor	L11
注册	zhùcè	register; enroll	L3
注入	zhùrù	inject	L3
专程	zhuānchéng	on a special trip	L8
专门	zhuānmén	on purpose	L3
专职	zhuānzhí	full-time	L2
资金	zījīn	fund; capital	L3
资料	zīliào	data; material	L2
资质	zīzhì	credentials	L12
自动化	zìdònghuà	automate	L7
自然	zìrán	naturally	L9
自信满满	zìxìn mǎnmǎn	full of confidence	L1
总经理	zǒngjīnglǐ	general manager	L2
足够	zúgòu	enough; sufficient	L4

参考答案

第1课

1.1.1

1. 李晓光学的是市场营销专业。

2. 李晓光在AG公司实习过。

3. 因为李晓光不喜欢每天对着电脑收集客户信息，他希望学有所用，做销售工作。

4. 李晓光了解爱家公司的成立时间，产品在北京和天津市场的知名度以及公司的发展计划。

5. 李晓光很可能被录用，因为他专业对口，准备充分。

1.1.2

姓名	李晓光
年龄	23岁
学习经历	毕业于经贸大学，专业是市场营销
实习经历	在AG公司实习过
工作意愿	销售
理想薪酬	8000—10,000元

1.1.3 略

1.1.4

1. 欢迎你参加今天的面试

2. 我叫李晓光，今年23岁，毕业于经贸大学，专业是市场营销

3. 大四这一年，我一直在AG公司实习

4. 学有所用，做销售工作

5. 贵公司成立快五年了，产品在北京和天津市场的知名度很高；上过贵公司的官网；你们要开拓新市场，需要专业的销售人员，我很想加入你们的团队

1.1.5 略

1.1.6 略

1.2.1

1. 因为爱家公司录用了李晓光，张经理通知他来报到。

2. 因为李晓光专业对口，还在大公司实习过，正是爱家公司需要的人才。

3. 因为李晓光关注爱家公司很久了。

4. 因为爱家公司要开拓新市场，急需销售人员。
5. 李晓光下周一去报到。

1.2.2

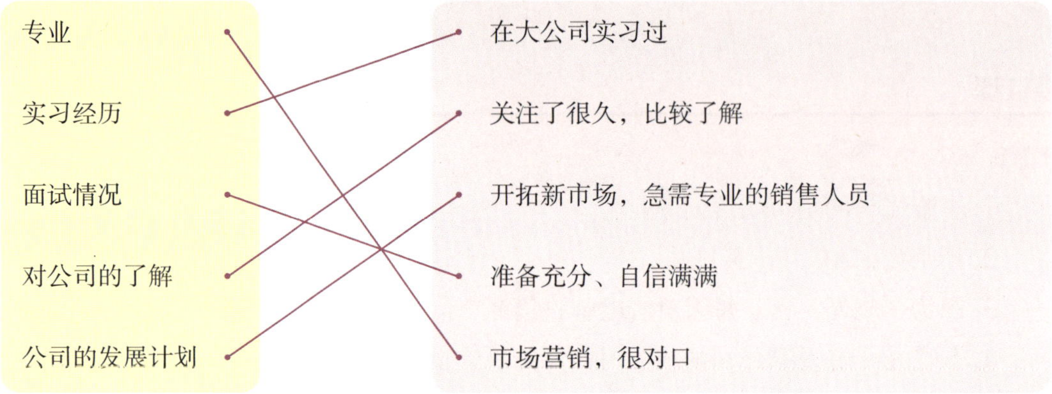

1.2.3 略

1.2.4

1. 爱家公司人事部经理张琳；你被我们公司录用了；谢谢您给我这个机会
2. 在大公司实习过；我们需要的人才
3. 准备充分、自信满满，给我们留下了非常深刻的印象
4. 我关注贵公司很久了，所以对你们的情况比较了解
5. 新市场；像你这样的销售人员；希望你能尽快入职；没问题

1.2.5 略

1.2.6 略

第2课

2.1.1

1. 李晓光在爱家公司人事部报到。
2. 入职手续包括填写职员登记表，领取工作证和就餐卡。
3. 爱家公司的办公环境很好，而且很人性化。
4. 李晓光对爱家公司的办公环境十分满意。
5. 张琳希望李晓光喜欢新环境，尽快适应新工作。

2.1.2

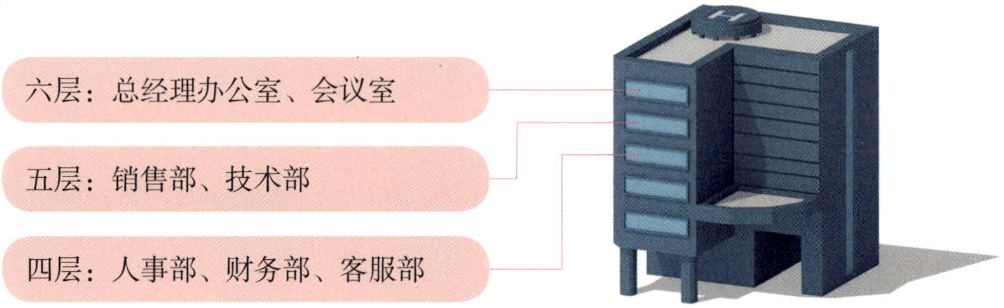

2.1.3 略

2.1.4

1. 我是李晓光，今天来公司报到

2. 我需要办理哪些入职手续

3. 职员登记表填好了，您看一下；工作证和就餐卡

4. 不仅环境好，而且很人性化呢；可以到休息室喝杯咖啡、吃点儿甜品，放松放松

5. 五层；人事部、财务部和客服部在四层，销售部和技术部在五层，总经理办公室和会议室在六层

2.1.5 略

2.1.6 略

2.2.1

1. 因为李晓光面试时表现很好。

2. 爱家公司的产品在北京、天津、石家庄和太原具有很高的知名度。

3. 销售部希望将产品打入沈阳、大连、长春和哈尔滨等重点城市。

4. 因为李晓光既有专业知识，又有大公司的实习经历，而且表达能力很强。

5. 王经理让李晓光调查一下天红公司的经营情况和市场信誉，后天在销售部的例会上做一个报告。

2.2.2

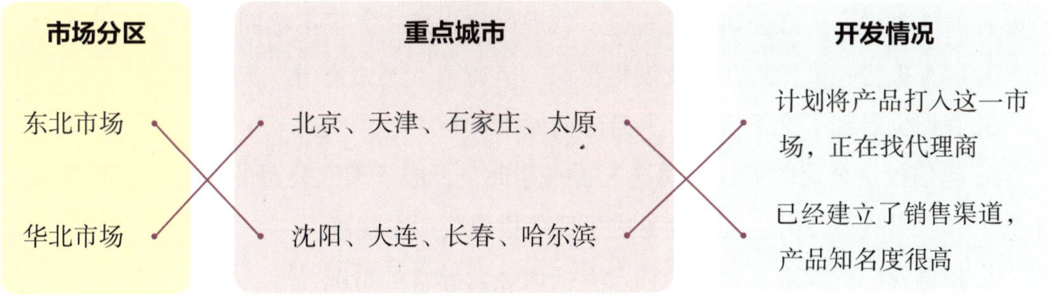

2.2.3 略

2.2.4

1. 李经理，请多多关照

2. 销售部有十二位专职销售代表，已经在华北市场建立了销售渠道；我非常荣幸能加入这个团队

3. 在北京、天津、石家庄和太原具有很高的知名度；将产品打入沈阳、大连、长春和哈尔滨等重点城市

4. 你面试时表现很好，我对你印象深刻

5. 天红公司希望成为我们在大连的销售代理商；调查一下他们的经营情况和市场信誉

2.2.5 略

2.2.6 略

第3课

3.1.1

1. 李晓光委托张丽调查了天红公司的经营情况和市场信誉。
2. 张丽认为天红公司经营规范，管理严格，是一家很不错的营销公司。
3. 因为天红公司成立时间短，注册资金少。
4. 因为风信投资公司向天红公司注入了一笔资金，成了天红公司的大股东，所以天红公司调整了管理团队，变更了公司法人。
5. 李晓光担心天红公司有经营异常的情况。

3.1.2

公司名称	天红公司
成立时间	2016年
注册资金	20万
大股东	风信投资公司
公司法人	风信投资公司总经理
经营情况	没有任何经营异常的情况

3.1.3 略

3.1.4

1. 总体来说，天红公司经营规范，管理严格，是一家很不错的营销公司
2. 调查报告；虽然这几年发展得很快，但还算不上大公司
3. 我们也看到了这条信息，并且专门做了调查
4. 风信投资公司向天红公司注入了一笔资金，成了天红公司的大股东，所以天红公司调整了管理团队，公司法人也变更成了风信投资公司总经理
5. 根据我们的调查，天红公司没有任何经营异常的情况

3.1.5 略

3.1.6 略

3.2.1

1. 因为李晓光想了解飞鸟公司对天红公司的评价。
2. 飞鸟公司跟天红公司合作好几年了。
3. 天红公司每年五一、十一和春节搞促销活动。
4. 天红公司一般月底给飞鸟公司结算货款。
5. 因为他们合作得很愉快，飞鸟公司认为天红公司经营规范，管理严格。

3.2.2

销售力量	很强
销售业绩	一直很好
促销活动	每年五一、十一和春节会搞几场促销活动，需要厂家给一些折扣
货款结算	月底结算货款，没有出过问题
市场信誉	很好，值得信任

3.2.3 略

3.2.4

1. 贵公司跟他们有合作，我们还想听听贵公司对他们的评价
2. 天红公司跟我们合作好几年了，是我们在大连的独家代理商
3. 他们会不会为了提高销售业绩，总是搞促销活动，要求厂家降价
4. 一般都是月底结算货款，没有出过问题；他们的市场信誉还是很好的
5. 天红公司经营规范，管理严格，值得信任；他们的销售力量很强，这些年销售业绩一直很好

3.2.5 略

3.2.6 略

第4课

4.1.1

1. 因为要讨论代理商的事情。
2. 天红公司经销过飞鸟洗衣机和冬鱼冰箱。
3. 同事A认为代理商的知名度对开拓新市场很重要。
4. 天红公司的销售力量很强。
5. 李晓光希望爱家公司跟天红公司合作，因为天红公司的团队销售力量强，销售代表专业对口，还有经验，而且公司经营规范，管理严格，信誉良好。

4.1.2

会议记录			
1.	王经理介绍会议主题	讨论代理商的事情	
2.	李晓光介绍调查结果	总体评价	经营规范，管理严格，信誉良好
		销售经验	丰富
		市场知名度	一般
		销售团队	专业对口的大学毕业生，销售力量很强
3.	同事A关注的信息	代理商的知名度	原因：知名度一般会影响产品推广

（续表）

会议记录			
4.	王经理关注的信息	销售团队的情况	评价：专业对口，还有经验，他们的团队值得信任

4.1.3 略

4.1.4

1. 今天召集大家开会主要是为了讨论代理商的事情

2. 我不仅委托市场调查公司做了调查，而且专门联系了天红公司的合作伙伴了解情况；从目前得到的信息看，天红公司是一家经营规范、管理严格、信誉良好的营销公司

3. 飞鸟洗衣机和冬鱼冰箱等家用电器；天红公司在家用电器销售方面很有经验

4. 天红公司虽然发展很快、前景看好，但是规模不大，市场知名度一般

5. 我觉得规模小、知名度不高都没关系，只要销售团队足够优秀就行

4.1.5 略

4.1.6 略

4.2.1

1. 因为爱家公司的产品是电子设备，它和家用电器的目标客户不太一样。

2. 他们需要调整销售策略。

3. 因为天红公司的注册资金只有20万，去年的营销收入也不到30万。

4. 因为天红公司的态度不积极。

5. 因为天红公司资金少，规模小，态度不积极，而且销售策略需要调整。

4.2.2

问题	原因	办法
销售经验不一定有用	爱家公司的产品是电子设备，它和家用电器的目标客户不太一样	调整销售策略
资金能力不足	注册资金只有20万，去年的营销收入也不到30万	不做独家代理商，只做普通代理商
合作态度不积极	正在调整管理团队，很多事情没来得及做	经常跟合作伙伴联系

4.2.3 略

4.2.4

1. 家用电器；我们的产品是电子设备，它和家用电器的目标客户不太一样；如果做了我们的代理商，他们的确需要调整一下销售策略

2. 这样的资金能力很难大量买入产品，进行市场推广

3. 如果产品不能大量入市，怎么开拓新市场呢

4. 除了资金能力，他们的态度也不积极，只有上个月打了一次电话询问是否可以成为我们在大连的独家代理商

5. 我们的确需要调整一下销售策略；如果产品不能大量入市，怎么开拓新市场呢

4.2.5 略

4.2.6 略

第5课

5.1.1

1. 爱家公司开会讨论以后决定让天红公司做普通代理商。
2. 因为独家代理商不仅要大量买入产品，还要大力推广，货款和推广费加起来很多。
3. 因为天红公司不仅经营规范、管理严格、信誉良好，而且销售力量很强。
4. 因为需要总经理来决定是否做普通代理商。
5. 天红公司会同意做普通代理商，因为爱家公司是替代理商考虑才做出这个决定的。

5.1.2

- 担心独家代理商既要大量买入产品，又要大力推广产品，需要准备高额的货款和推广费，资金压力太大
- 很想与厂家合作，成为独家代理商
- 认为代理商不仅经营规范、管理严格、信誉良好，而且销售力量很强
- 担心厂家不信任自己的销售团队和资金能力
- 非常期待与代理商合作
- 多选了几家公司做普通代理商，减轻每家代理商的资金压力
- 把现在的情况跟总经理汇报一下，只要总经理同意，就可以见面谈

5.1.3 略

5.1.4

1. 我们公司开会讨论以后，同意你们公司做普通代理商
2. 货款和推广费加起来很多，对独家代理商来说，资金压力太大了
3. 你们公司不仅经营规范、管理严格、信誉良好，而且销售力量很强，我们非常期待与你们合作
4. 我得把现在这个情况跟总经理汇报一下
5. 我得把现在这个情况跟总经理汇报一下；您跟总经理解释解释，我们也是替代理商考虑才做出这个决定的

5.1.5 略

5.1.6 略

5.2.1

1. 天红公司决定从普通代理商做起。

2. 刘经理下个星期一来北京面谈。

3. 刘经理打算坐飞机来北京。

4. 刘经理需要带公司的营业执照和法人的委托书。

5. 爱家公司和天红公司会签约，因为爱家公司认为天红公司不仅经营规范、管理严格、信誉良好，而且销售力量很强，非常期待与他们合作。

5.2.2

备忘录	
任务	接天红公司销售部经理刘连发
时间	下个星期一
地点	机场
回公司后的活动	会谈
需要查看的东西	营业执照、法人委托书

5.2.3 略

5.2.4

1. 我们开会讨论了一下，愿意接受你们的安排，从普通代理商做起

2. 我现在就正式邀请您来北京面谈，您什么时候方便

3. 您订好机票以后告诉我航班信息，我去机场接您

4. 如果咱们这次谈得顺利，就会现场签约

5. 我下个星期一坐飞机去；告诉我航班信息；您记得带上公司的营业执照和法人的委托书

5.2.5 略

5.2.6 略

第6课

6.1.1

1. 天红公司与厂家有两种合作模式。

2. 爱家公司还与沈阳的代理商谈过。

3. 因为大连比沈阳离北京远，物流费高。

4. 最后天红公司负责物流。

5. 最后谈好的分成比例是25%。

6.1.2

北京周边代理商负责物流，分成比例可以是22%。

沈阳代理商负责物流，分成比例是22%。

大连代理商不能接受的分成比例是22%。如果代理商负责物流，分成比例最少25%；如果不负责物流，分成比例可以是18%。

6.1.3 略

6.1.4

1. 能够与爱家公司合作，我感到非常荣幸

2. 在你们的帮助下，我们的产品能够迅速打入大连市场；竭尽全力

3. 厂家定价，我们原价销售，厂家给我们利润分成；厂家给底价，我们加价销售，厂家与我们结算底价货款；第一种模式

4. 厂家负责物流，我们分成20%；我们负责物流，我们分成30%；18%

5. 您看这样行不行？你们负责物流，我们只要18%的分成；25%

6.1.5 略

6.1.6 略

6.2.1

1. 产品报价单需要包括市场定价和成本核算。

2. 刘经理觉得产品定价有点儿高。

3. 如果定价太高，产品的销量就很难上去。

4. 刘经理建议爱家公司选第二种合作模式。

5. 爱家公司可以提供礼品，并降价10%。

6.2.2

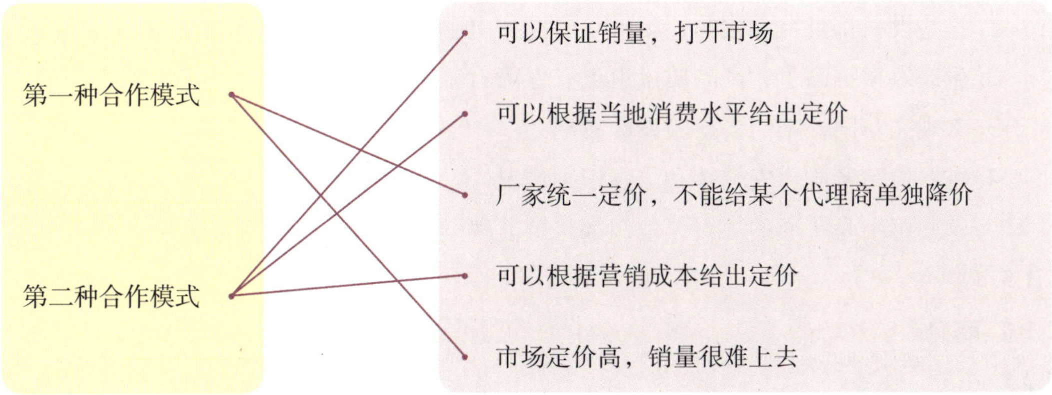

6.2.3 略

6.2.4

1. 您得给我们提供一份产品报价单，要包括市场定价和成本核算；我觉得定价有点儿高

2. 如果定价太高，产品的销量就很难上去

3. 您核算一个底价，我们根据大连的消费水平和公司的营销成本出一个合适的定价

4. 说实话，只有降价才是最有吸引力的；能不能再给些折扣

5. 我们的利润不高，最多只能降价10%；我们可以提供一些礼品

6.2.5 略

6.2.6 略

第7课

7.1.1

1. 爱家公司的生产车间很宽敞，也很干净。
2. 因为可以提高生产效率，而且产品质量更有保障。
3. 智能音箱需要检验音质、安全性和语音识别情况。
4. 因为生产车间设备先进，不需要那么多工人，而检验工作必须要由专业人才来做。
5. 在检验室工作的都是智能科学与技术专业的优秀毕业生。

7.1.2

生产车间	环境	很宽敞，也很干净
	设备	自动化，工人只要操作电脑就可以了
		从法国进口的，很贵
		有了它，生产效率提高了，产品质量也更有保障
检验室	检验内容	音质、安全性、语音识别情况
	检验人员	不是普通的工人，是智能科学与技术专业的优秀毕业生

7.1.3 略

7.1.4

1. 这些设备都是自动化的，工人只要操作电脑就可以了
2. 生产效率提高了，产品质量也更有保障；工人只要操作电脑就可以了
3. 参观完车间，咱们去检验室看看吧
4. 主要检验音质、安全性和语音识别情况
5. 这些可不是普通的工人，他们都是智能科学与技术专业的优秀毕业生

7.1.5 略

7.1.6 略

7.2.1

1. 他们现在在样品间参观。
2. 智能音箱的外观是根据目标客户的喜好设计的。
3. 采用3D打印技术可以做出造型特别的音箱。
4. 新款智能音箱最大的特点是智能对话功能。
5. 刘经理对产品满意，因为他想买一个带回去。

7.2.2

新款智能音箱	外观	设计得很时尚，对年轻人有吸引力
	造型	采用了3D打印技术，造型特别 只要设计出造型，就能做出来
	功能	最大的特点是智能对话功能 一个人在家无聊时可以跟它聊天儿

7.2.3 略

7.2.4

1. 外观是根据目标客户的喜好设计的；特别
2. 产品的目标客户是年轻人
3. 这款音箱的造型很别致，像一只茶杯
4. 这款是今年新推出的，采用了3D打印技术
5. 除了造型特别以外，这款音箱最大的特点是智能对话功能；可以跟它聊天儿；你们就可以随便聊了

7.2.5 略

7.2.6 略

第8课

8.1.1

1. 因为要欢迎天红公司刘经理。
2. 因为刘经理到了北京就开始工作，一直没时间。
3. 因为要感谢刘经理专程来到北京，一路很辛苦。
4. 刘经理在北京的时候，李晓光的工作是陪同刘经理。
5. 刘经理觉得李晓光做事周到，又有耐心。

8.1.2

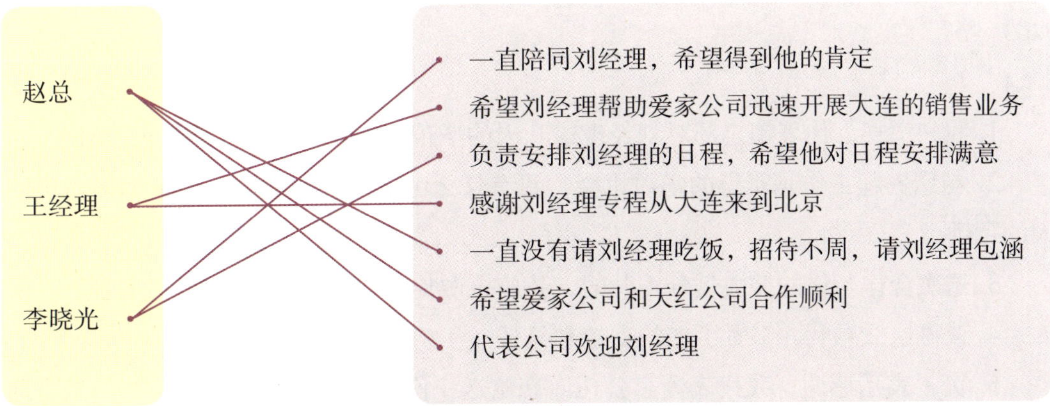

8.1.3 略

8.1.4

1. 请大家举杯，让我们对刘经理的到来表示热烈欢迎
2. 非常荣幸；招待不周，还请您多多包涵
3. 这两天的日程的确很紧张，但是我的收获很大；还请您多多包涵
4. 刘经理，我敬您一杯；我敬您
5. 希望在天红公司的帮助下，大连的销售业务能够迅速开展起来；我们一定竭尽全力

8.1.5 略

8.1.6 略

8.2.1

1. 因为与刘经理一起工作是难得的学习机会，李晓光要请刘经理包涵他考虑不周的地方。
2. 因为刘经理在大连的时候，李晓光一直跟他联系，推进这次合作，到了北京，李晓光又去机场接他，又陪他参观工厂，这次合作与李晓光的努力是分不开的。
3. 李晓光今后专门负责大连代理商的协调工作。
4. 王海运代表爱家公司向刘经理赠送了一台智能音箱。
5. 刘经理喜欢这个礼品，因为他早就想买一个带回去。

8.2.2

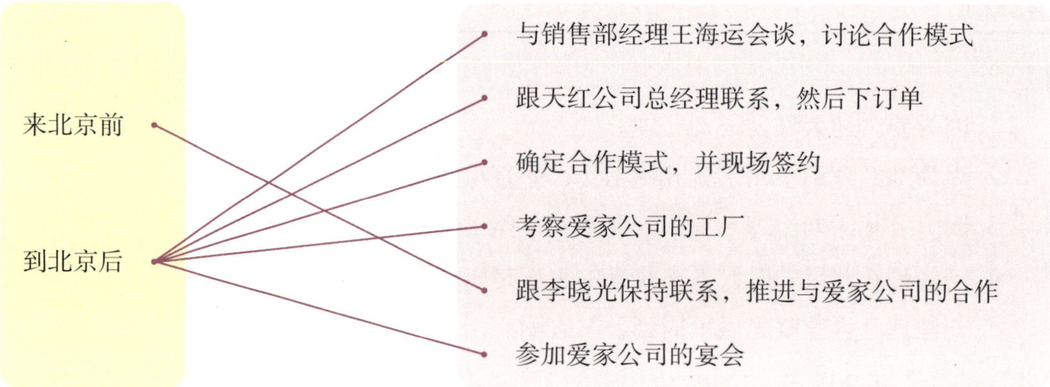

8.2.3 略

8.2.4

1. 我先举杯，代表销售部对刘经理这几天的辛苦工作表示感谢；我们的合作
2. 与您一起工作是难得的学习机会，我有什么考虑不周的地方，还请您多多包涵；很大的帮助
3. 这次合作与你的努力是分不开的，我应该敬你才对啊；迅速打开新市场
4. 谈得这么顺利，多亏了您的支持和信任
5. 为了表示感谢，我代表爱家公司向您赠送一份小礼品，请您收下；您最想带回去的"家家"；恭敬不如从命

8.2.5 略

8.2.6 略

第9课

9.1.1

1. 因为天红公司对这次合作很重视。

2. 王经理觉得天红公司的促销方案没有什么新意。

3. 李晓光认为折扣不变的话，能不能提高销量关键看礼品，只有贵重的礼品才有吸引力。

4. 李晓光建议把不同品种的礼品分成三个等级，让买了产品的顾客抽奖。

5. 天红公司会接受李晓光的建议，因为准备的礼品还可以用，不会增加成本。

9.1.2

天红公司的促销方案	先用降价招揽顾客，然后用包装精美的礼品刺激他们冲动消费，以此提高销量
王经理的意见	总体上看，这样的促销活动没有新意，所以要调整一下
李晓光的意见	因为折扣不变，所以能不能提高销量关键看礼品，只有贵重的礼品才有吸引力。这样一来，营销成本会增加不少

9.1.3 略

9.1.4

1. 看来天红公司对这次合作很重视；态度很积极

2. 他们的态度的确很积极，就是促销方案没有什么新意；消费者觉得没有吸引力

3. 这样的促销活动天天都有，消费者还会觉得有吸引力吗；用降价招揽顾客；用包装精美的礼品刺激他们冲动消费，以此提高销量

4. 因为折扣不变，所以能不能提高销量关键看礼品，只有贵重的礼品才有吸引力

5. 只要买了产品就能抽奖，现场的顾客如果想试试自己的运气，说不定就买了；分成三个等级；一等奖、二等奖；三等奖

9.1.5 略

9.1.6 略

9.2.1

1. 李晓光想到一个新的促销方案，想跟王经理汇报一下。

2. 李晓光认为买音箱要花钱，听音乐还要花钱，消费者的消费压力太大了。

3. 李晓光想买版权，建立音乐平台，然后与智能音箱连接，消费者只要买了智能音箱就可以免费听音乐。

4. 李晓光想建立一个不断发展的音乐平台，提供更多的免费音乐。

5. 王经理支持新的促销方案。

9.2.2

智能音箱需要促销	版权管理很严格，很多音乐都要付费才能听，买音箱要花钱，听音乐还要花钱，消费压力很大，所以买的人少
设计促销方案	针对年轻人的消费需求来调整促销策略。先做个调查，了解年轻人喜欢什么样的音乐，搞清楚他们喜欢哪些歌手，然后购买这部分音乐的版权，建立音乐平台，与智能音箱连接。顾客只要买了智能音箱就可以免费听音乐，以此吸引更多的年轻人
王经理的意见	"买音箱，免费听音乐"听起来不错，如果他是消费者，肯定选免费音乐，它比精美礼品更划算，所以他支持这个方案

9.2.3 略

9.2.4

1. 我们的目标客户是年轻人，他们用智能音箱主要是听音乐；先做一个调查，了解年轻人的喜好，然后针对他们的消费需求来调整促销策略

2. 针对年轻人的消费需求来调整促销策略

3. 我们得先做一个调查，了解年轻人喜欢什么样的音乐，喜欢哪些歌手；买的人自然就多了

4. 如果我是消费者，我肯定选免费音乐，这可比精美礼品划算多了；一次性的；发展的；会越来越多

5. 我会根据顾客的收听情况和反馈意见对音乐平台进行调整；更多的年轻人

9.2.5 略

9.2.6 略

第10课

10.1.1

1. 王经理和李晓光现在在促销活动现场。
2. 因为活动规模很大，吸引了很多顾客。
3. 王经理觉得活动现场缺少人手维护现场秩序。
4. 因为他们要了解顾客对智能音箱的看法。
5. 这位顾客认为这款智能音箱不能连接到智能手机上，而且价格高。

10.1.2

智能音箱的吸引力	智能音箱技术先进，语音识别正确率高
	智能音箱功能强大，不仅可以听音乐，还可以连接家用电器，对它们进行管理
智能音箱的缺点	定价太高了，如果不促销，很多消费者买不起
	不能连接智能手机，无法在到家之前管理家用电器
促销活动现场的问题	抽奖的地方围了很多人，万一有个意外，后果不堪设想
	没有人专门负责维护现场秩序，天红公司安排不到位

10.1.3 略

10.1.4

1. 活动规模很大，可能会有好几百人；这么大的活动，应该多安排几个人维护现场秩序
2. 万一有个意外，后果不堪设想；维护现场秩序
3. 你别着急，发现什么问题，先记下来
4. 小伙子，今天专门过来买智能音箱吗；等了半天才轮到我
5. 这款智能音箱技术先进，语音识别正确率高，而且功能强大；听音乐；连接家用电器；它们

10.1.5 略

10.1.6 略

10.2.1

1. 他们现在可能在刘经理的办公室谈话。
2. 因为永信商场的活动规模是全市最大的，每天都有五六百人参加活动。
3. 刘经理对活动现场的秩序和人员安排考虑不周。
4. 因为如果一直是这个价格，天红公司就赔本了。
5. 他们要开会讨论价格问题。

10.2.2

问题	原因	解决方案
现场秩序很乱	现场缺少专业的安保人员，没有人负责维护活动秩序	联系安保公司，安排人手
产品定价太高	1. 刘经理认为消费者看价格总是跟低的比，不会跟高的比，所以会觉得这款产品贵 2. 跟底价相比，加价的部分确实有点儿高	销售部开会讨论产品价格，定一个既不赔本又能保证销量的价格

10.2.3 略

10.2.4

1. 我刚从永信商场过来，活动现场非常火爆，围观的顾客很多；那里的活动规模是全市最大的，每天都有五六百人参加活动

2. 活动现场的确非常火爆，围观的顾客差不多有一千人；现场缺少专业的安保人员

3. 消费者看价格总是跟低的比，不会跟高的比，所以就觉得咱们这款产品贵了；你们加价的部分确实有点儿高

4. 如果定价太高，活动结束以后，销量会下降得很厉害；一直是这个价格；可就赔本了

5. 进口的价格很高，国内知名品牌的价格也不低，只有那些智能水平一般的音箱价格便宜；如果一直是这个价格，我们可就赔本了

10.2.5 略

10.2.6 略

第11课

11.1.1

1. 赵总觉得总体上看，展台布置得很不错。

2. 因为展台前边要放一个架子，上面放公司的宣传彩页和产品目录，不过工人还没送过来。

3. 展台中心会摆放公司最新推出的智能机器人。

4. 李晓光让赵总对活动现场的秩序放心。

5. 王经理在跟主办方开会。

11.1.2

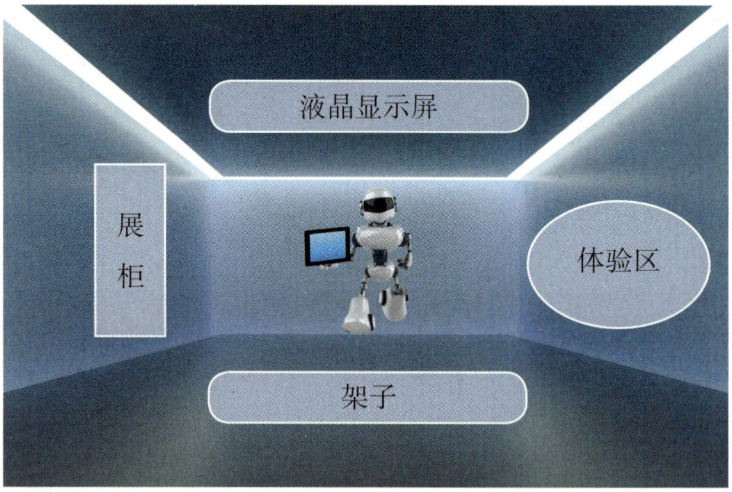

11.1.3 略

11.1.4

1. 背板是一块液晶显示屏，可以播放公司的宣传视频；可以摆放各种产品

2. 右边是体验区，客户可以现场体验智能音箱的使用效果

3. 那儿要放一个架子，上面放公司的宣传彩页和产品目录；公司最新推出的智能机器人

4. 展览会明天就要开幕了，你得催一催啊

5. 王经理去跟主办方开会了；别忘了安排人在现场维护活动秩序

11.1.5 略

11.1.6 略

11.2.1

1. 女客户是被智能机器人吸引进来的。

2. 女客户需要李晓光提供产品介绍。

3. 男客户收到了爱家公司的邀请函，来看一看智能音箱。

4. 男客户希望房间里有火情时，智能音箱能够自动报警。

5. 爱家公司能满足这两位客户的需求。

11.2.2

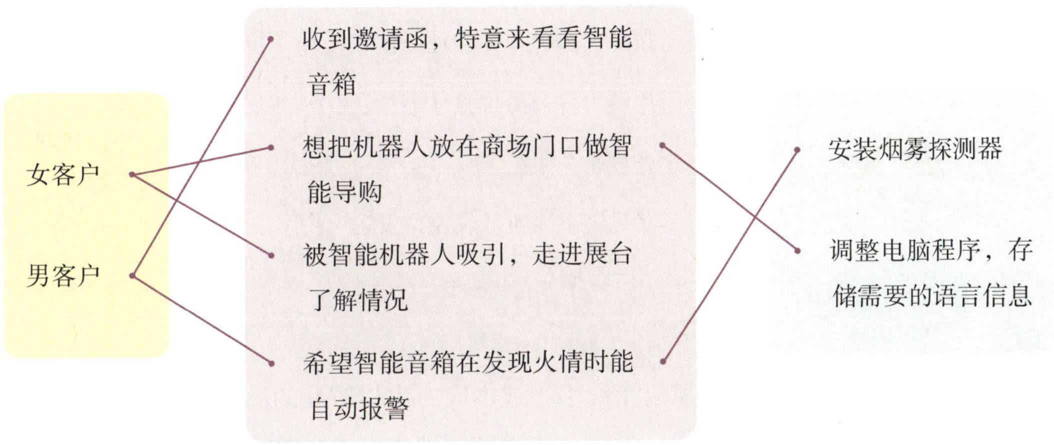

11.2.3 略

11.2.4

1. 这款智能机器人是我们公司近三年来的研发成果；能够与人进行日常交流

2. 只要技术团队调整一下电脑程序，把您需要的语言信息存储进去就可以了；这是我们公司的产品目录，里面有具体的介绍和报价

3. 我们肯定下订单；我的名片；可以跟我联系

4. 这就是我们最新款的智能音箱；产品介绍；给我们的管理团队看看

5. 我们可以把您的需求反映给技术团队；技术团队调整一下电脑程序，把您需要的语言信息存储进去就可以了

11.2.5 略

11.2.6 略

第12课

12.1.1

1. 因为爱家公司销售部今天要讨论出口贸易的问题。
2. 因为出口贸易手续多，成本高。
3. 开拓海外市场需要申请出口商品检验证书。
4. 因为出口贸易的货物运输时间长，万一出个意外，后果不堪设想。
5. 李晓光不可以办理报关手续，因为要请专业的报关员去海关办理。

12.1.2

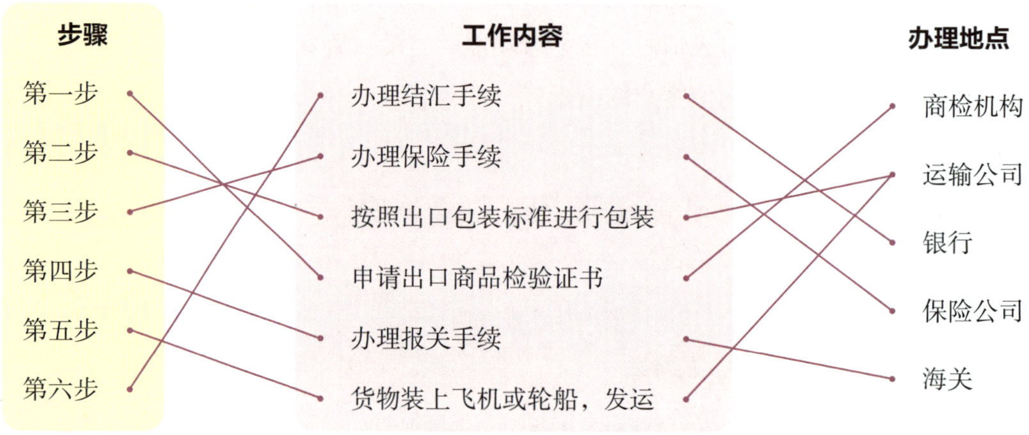

12.1.3 略

12.1.4

1. 跟国内销售相比，出口贸易手续多，成本高；出口贸易的流程；一个合适的定价
2. 公司虽然有海外贸易资质，但是一直没有申请出口商品检验证书；加价30%
3. 有了订单，签了合同，我们就要联系运输公司，按照出口包装标准进行包装；必须办理货物运输保险
4. 我们还要请专业的报关员去海关办理报关手续；请专业公司代理
5. 这么多手续肯定需要两三个人专门负责；把这件事做起来

12.1.5 略

12.1.6 略

12.2.1

1. 爱家公司按照客户的要求重新设计了外包装，还增加了英文说明。
2. 报关手续最晚明天能办完。
3. 因为运输公司说没有舱位。
4. 因为需要先把货物运到大连，然后再交给运输公司。
5. 李晓光担心如果等天津口岸的舱位，时间就来不及了。

12.2.2

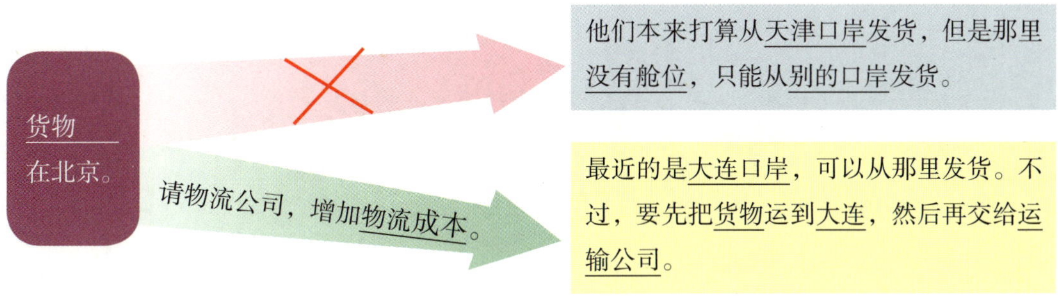

12.2.3 略

12.2.4

1. 我们按照客户的要求重新设计了外包装，还增加了英文说明；出口手续都办好了吗

2. 我估计最晚明天报关手续就办好了；但是运输公司说没有舱位，要想按时发货就得从别的口岸走，最近的是大连口岸

3. 总体上很顺利，但是也遇到了一些问题；把这次工作中的问题都记录下来

4. 物流成本一下子增加不少；要提前跟运输公司确定好舱位

5. 时间很紧张；就别等了，你赶快联系物流公司，把货物运到大连，从那里发货

12.2.5 略

12.2.6 略

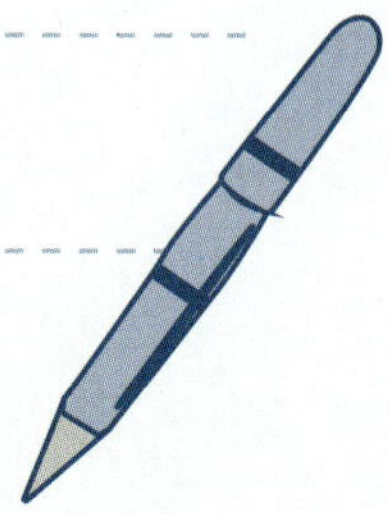